FORMEL 1 HINTER VERSCHLOSSENEN TÜREN

DER ~~GLÜCKS~~ CLOWN VOM ZIRKUS

TARA RAMOS

@UNLUCKYCLOWN

Mein besonderer Dank gilt Pepper, Hannah, Domingo, Gunther, Nico, Bernie, Stephan, Thomas, Gerli, Davide, Nora & Aramis - ohne diese Menschen wäre ich niemals in der Lage gewesen zu sein wer ich war, wer ich bin und wer ich sein werde.

Für ein besseres Leseerlebnis, öffnen Sie bitte:

WWW.UNLUCKYCLOWN.COM

Glück | Glụ̈ck | , das | Substantiv
Genitiv: des Glück[e]s, Plural: die Glücke; gesegnet, mit viel Glück gesegnet, begünstigt, unter einem Glücksstern geboren, bezaubert; erfolgreich, glücklich; vorteilhaft, geboren mit einem silbernen Löffel im Mund; ANTONYME: Pech, Unglück, unglücklich

Clown | kl͜aun | , der | Substantiv
Genitiv: des Clowns, Plural: die Clowns; ein Zirkusclown: Comic-Entertainer, Pierrot, Komiker; historischer Narr, verrückt, Harlekin, Punchinello, Bajazzo, dummer August, Faxenmacher, Hanswurst, Schelm, Eulenspiegel; Joker, Komiker, Humorist, Witzbold, Witz, lustiger Mann, Scherz, Spaßvogel, Spaßmacher, Trottel; Schrei, Lachen; Person, die im Zirkus oder im Varieté mit allerlei lustigen Vorführungen zum Lachen reizt

Zirkus |ˈt͜sɪrkʊs | , der | Substantiv
eine reisende Gesellschaft von Akrobaten, Clowns und anderen Animateuren, die in der Regel in einem großen Zelt an verschiedenen Orten auftritt.
• informell: eine große Gruppe von Menschen, die zusammen auf den Rennstrecken dieser Welt unterwegs sind: dem Formel-1-Grand-Prix-Zirkus.

VORWORT

Als ich in der Formel 1 anfing, bedeutete ein Handschlag noch etwas - er war so gut, wie eine in Stein gemeißelte Vereinbarung. Selbst wenn man sich mit Leuten auseinandersetzen musste, die hart am Wind segelten. Das ist Alles vorbei. Heute ist es nur sicher, Handschlag-Vereinbarungen mit Menschen zu treffen, die eine gute Erinnerungen haben und sich erinnern wollen, außer sich nur an die Ausreden zu erinnern, die sie immer machen. Deshalb benötigt man nun Verträge mit 400 Seiten und vier Anwälte.

- Bernie Ecclestone

(exklusiv für den ~~Glücks~~clown vom Zirkus)

EINLEITUNG

Schon immer habe ich das Sprichwort geliebt: Suche Dir einen Job, den du liebst, und du musst nie einen Tag in deinem Leben arbeiten - und das habe ich glücklicherweise gefunden. Auch die meisten Leute, die mich kennen, würden behaupten, sie hätten mich noch nie arbeiten gesehen. Aber glaubt mir, auch ich muss Miete zahlen, und ich wurde nicht mit dem silbernen Löffel im Mund geboren. Und diese Karriere kann auch mit einigen Risiken verbunden sein, wenn man ein eigenes kaufmännisches Risiko eingeht und nicht für andere arbeitet. Und oben drein muss man auch noch sicherstellen, diesen Job zu behalten. Zu finden, was du liebst, ist logischerweise der erste Schritt, und zum Glück war ich mit der Fähigkeit gesegnet, jede Aufgabe irgendwie zu meistern, die mir bisher gegeben wurde, indem ich sorgfältig beobachtete und herausfand, wie ich das Ziel am besten erreichen konnte.

In der F1 fand ich meine Berufung darin, Sponsoren zu betreuen, einzigartige Events zu kreieren und Prominente aus der Musik- und Filmbranche zu betreuen sowie mit und für vermögende Privatpersonen wie Bernie Ecclestone, Alex Shnaider, Vijay Mallya oder Tony Fernandes zu arbeiten.

Obwohl ich in der Formel 1 tätig bin, war ich nie daran interessiert, selbst Rennen zu fahren. Wahrscheinlich aus dem einfachen Grund, weil ich schon beim Einsteigen in ein Go-Kart komplett versagt habe, obwohl mir alle immer gesagt haben, dass ich die richtige Körpergröße und das richtige Gewicht hätte, um der perfekte Rennfahrer zu sein.

Ich wollte nie wirklich berühmt werden und habe immer versucht, mich im Hintergrund zu halten, mit Allem was ich tat. Aus der Ferne zu genießen war für mich aus irgendeinem Grund ein viel größeres Vergnügen. Ich wollte auch nie reich werden, und Geld war nie eine echte Motivation für die Dinge, die ich tat und wie ich sie tat.

Natürlich genießt jeder Mensch die Früchte seines eigenen Erfolgs und ist stolz auf Dinge, die gut gelaufen sind. In dieser Hinsicht war das Glück immer auf meiner Seite und es fühlt sich an, als hätte ich meine Seele verkauft, noch bevor ich eine zu verkaufen hatte. Und wenn es um Glück geht, glaube ich wirklich, dass es im Universum ein Gleichgewicht geben muss, das auch dies reguliert. Wenn ich einen der größten Rennfahrer aller Zeiten, Michael Schumacher, betrachte, würde ich sagen, dass er so oft Glück hatte, und wie von einem Schutzengel, der ihn vor Verletzungen bei Rennunfällen beschützt würde. Aber dann schien es, als hätte ihn sein Glück verlassen, nachdem er sich vom professionellen Rennsport zurückgezogen hatte - das machte mich dann auch nachdenklich.

Ich bin wirklich dankbar für das, was ich erleben durfte und wie sich mein Leben in den letzten zweieinhalb Jahrzehnten entwickelt hat. Es ist mir eine große Ehre, einige der tollsten Menschen getroffen zu haben, die schönsten Länder bereist zu haben und einige unglaubliche Emotionen erlebt zu haben.

Einige dieser Geschichten habe ich in diesem Buch niedergeschrieben; einige von ihnen sind wirklich unglaublich, manche lustig und andere einfach nur verrückt.

Warum habe ich das alles überhaupt aufgeschrieben? Der ursprüngliche Grund war eindeutig das Ergebnis des vorletzten Kapitels, kombiniert mit den beiden vorhergehenden Kapiteln. Obwohl ich sie natürlich selbst erlebt habe, fühlen sie sich beim wiederholten Lesen noch immer wie ein Krimi, mit einer unglaublichen Besetzung aus der F1 an. Während ich eben diese besondere Geschichte aufschrieb, fiel mir ein, dass ich bei Abendessen mit Freunden, die nicht an der Formel 1 beteiligt sind, immer wieder neugierige Fragen über das Leben des Zirkus bekomme, die für Außenstehende nicht sichtbar sind.

WIE BIN ICH NUR HIER HER GEKOMMEN

„Keine Panik und trage ein Handtuch."

An einem kalten Februarnachmittag bestieg ich die Circle Line an deren westlicher Endstation, der Hammersmith Station. Wie die meisten anderen Passagiere stieg ich in den ersten Wagon ein und marschierte im Zug bis zum sechsten oder siebten Wagen, da ich genau dort an meinem Ziel aussteigen wollte. Ich setzte mich direkt neben einen Ausgang, um dem Gedränge beim Aussteigen zu entgehen, wenn sich der Zug Richtung Innenstadt füllte. Es sollte laut Anzeige noch 6 Minuten dauern bevor sich der Zug in Bewegung setzen würde. Zeit andere Passagiere auf der Jagd nach einem Sitzplatz zu beobachten. Meine Playlist auf Spotify begleitete mich auf dem Weg nach Farringdon. Ich fragte mich wohin all diese Menschen fahren die nun mit mir in derselben U-Bahn waren. Wie spielte sich ihr Leben wohl ab? Mit jedem Halt wurde der Zug voller und die Atmosphäre hektischer. Man konnte den Anstieg von Anspannung fühlen je näher die City kam. Und ich war auf dem Weg in die Kanzlei unserer Anwälte! Wenn ich in London war, wohnte ich normalerweise im wundervollen Haus meines besten Freundes im Barnes Viertel, südwestlich von London.

Es waren insgesamt vierzehn Haltestellen bis zu meinem Ziel. Genügend Zeit um darüber nachzudenken welche Umstände es waren, die mich in diesen Moment, in diesen Zug auf dem Weg zu Besprechungen geführt haben. Besprechungen die ich vorzugsweise vermieden hätte. Wir hatten es geschafft, in der kürzesten in der Branche bekannten Zeitspanne, eines der bedeutendsten Sponsorings in der jüngeren F1-Geschichte zu realisieren. Doch einige meiner vertrauenswürdigen Kunden spielten dabei falsch. Aber das Leben ist schließlich kein Wunschkonzert, obwohl mein Leben eines zu sein schien, bis ich mich auf eine Geschichte einließ, die anstatt zu einem grandiosen Erfolg zu einer beschissenen Katastrophe wurde. Aber mehr dazu später.

Während ich mit der nun hoffnungslos überfüllten U-Bahn zu meinem Termin fuhr und in meine Musik vertieft war, erinnerte ich mich daran, wie ich zum ersten Mal zu einem F1-Rennen ging...

☆

Ich war fünf Jahre alt und verrückt nach diesen Matchbox-Spielzeugautos. Ich hatte sie tonnenweise - aber keiner von denen war so cool wie ein Ferrari und ein Pontiac. Ein roter Ferrari 308 GTB und ein schwarzer Pontiac Firebird SE waren einfach die coolsten Spielzeuge, die ich besaß - ich habe sie überall hin mitgenommen. Auch in den Sommerurlaub zu meinen Großeltern, die in der Nähe des Österreichrings lebten. Bevor es die Sommerpause der Formel-1-Fabriken im August gab fand dort der Grand Prix von Österreich immer am Wochenende zu Mariä Himmelfahrt Mitte August statt. In Italien, dem Mutterland des "Mamakultes", nannten sie das Ferragosto. Das bedeutete, dass die Formel 1 verrückten Italiener in ihre Autos sprangen und zum Ö-Ring fuhren. Zehntausende Tifosi kampierten in ihren Zelten mit Campingstühlen, Nudeltöpfen und Chianti in Bastflaschen neben der Rennstrecke. Es war Mittsommer! Die Tribünen, die heutzutage mit orangefarbenen Verstappenkappen überfüllt sind, waren damals vollständig in Ferrari-Rot gefärbt.

Meine Mutter Hannah kannte Bernie Ecclestone, dem zu der damaligen Zeit das Brabham Formel-1-Team gehörte und der auch für die Verwaltung der kommerziellen Aspekte der Formel 1 verantwortlich war. Die beiden waren sehr gute Freunde und kannten sich schon, bevor ich geboren wurde. Sie bat ihn um zwei Pässe für das Fahrerlager, dem sogenannten F1 Paddock - es sollte eine Überraschung für mich sein. Echte Rennwagen und echter Lärm. Ich selbst hatte wenig Ahnung - und auch wenig Interesse an Rennautos oder gar Rennfahren.

Bernie sagte kein Problem, und schlug vor, dass wir am Samstag zur Strecke kommen sollten, da am Sonntag alle sofort nach dem Rennen die Flucht nach Hause ergreifen würden. Wir würden auch ein Auto mit einer Zufahrtsgenehmigung brauchen, um auf das Gelände zu gelangen. Er würde das Alles organisieren, und sie sollte die Sachen am Freitagabend in seinem Hotel abholen.

Es war Samstagmorgen und ich war schon sehr aufgeregt. Bereits vor dem Frühstück warf ich einen Blick vor das Haus, um zu sehen, welches coole Auto Hannah abgeholt hatte, um zur Rennstrecke zu fahren. In der Einfahrt stand ein blauer Ford Escort - kein Mustang oder ähnliches - aber sein klarer Vorteil war die Zufahrstberechtigung, die auf dessen Windschutzscheibe klebte. Meine beiden kostbaren Spielzeuge, der Ferrari und der Pontiac, kamen natürlich in meiner Hosentasche mit, und wir machten uns in Richtung der F1-Strecke auf den Weg. Geschätzte drei Kilometer vor Erreichen der Strecke gab die Karre ihren Geist auf und blieb einfach stehen - nichts funktionierte mehr. Wir stellten die Kiste einfach am Straßenrand ab und versteckten die Schlüssel oben am Vorderrad. Und was jetzt? ... per Anhalter!

Paddock! Paddock? Viele Autos hielten an, aber keiner wusste, was "Paddock" bedeutete und wo es sich befand. Schließlich sprangen wir auf den Rücksitz eines schmuddeligen Autos, das uns nahe genug brachte, um die letzten Meter zu laufen. Rund um das Gelände ein Maschendrahtzaun, an dem sich die Fans ihre Nasen plattdrückten und am Eingang eine riesige Menschenmenge. Jeder mit einer eigenen Geschichte, wieso gerade er hineingelassen werden sollte – ins Fanparadies. Kein Ticket, kein Paddock! Damals bestanden die Paddock-Gastpässe aus Pappe an einer grauen Gummischnur. Ein Hauch von eklatantem Dilettantismus, den Bernie im Zuge seiner völligen Machtübernahme der Formel 1 umgehend abschaffte.

Wo war nun dieses Brabham? Im Fahrerlager war ein unglaubliches Treiben. Mechaniker in Shorts, Adabeis in Seppelhosen, Honoratioren im Steireranzug – und Bernie Ecclestone wie aus dem Ei gepellt. Er trug eine dunkelgraue Hose, ein weißes Hemd mit Werbung in den Kragenecken und dezentem Schriftzug in Brusttaschenhöhe und, wie die Zukunft zeigen wird, die ewigen schwarzen Bally-Schuhe mit Seitenschnallen: die klassische Bernie Uniform die Jahrzehnte überdauern würde.

Bernie erwartete uns bereits und war fast verärgert, dass wir zu spät kamen. "Sante wird sich um euch kümmern. Wenn ihr etwas wollt, sagt es ihm einfach." Sante Ghedini war während seiner Zeit bei Ferrari sowas wie der Laufbursche für Niki Lauda. Danach wechselte auch er mit Niki zu Brabham und blieb schließlich bei Bernie bis Ende 1982 in ähnlicher Funktion. Dann wurde er kurze

Zeit später zu Ferraris Teammanager befördert! Er führte uns herum, brachte uns in die Garage und erklärte die Welt der Formel 1.

Hannah erzählte ihm, dass das Auto eine Panne hatte und wo genau wir es abgestellt hatten. Bernie beschloss Herbie Blash während der Mittagspause loszuschicken, um das Auto abzuholen.

Während ich durch die Boxengasse ging, entdeckte ich die schwarzen Autos mit goldenen Schriftzügen ... die Lotus. Ich dachte mir, dass dies die bei weitem schönsten Rennwägen auf der Strecke sind. Im Gegensatz dazu fielen die Ferraris weit zurück. Dann begann ich an meinem Hosentaschenschatz zu zweifeln. Trotzdem waren die Ferraris am lautesten. Wenn so ein Ferrari mit seinen 12 Zylindern vorbeiraste, stellte es einem die Nackenhaare auf. Aber irgendwie war der Paddock doch ziemlich langweilig. Man sah ja nicht viel von den Autos auf der Strecke - nur der Lärm war da. Ich stand auf der Boxenmauer und sah die Autos bestenfalls für 5-10 Sekunden vorbeirasen. Das wars. Da war Bernies Fahrer Nelson Piquet, der Typ mit den längeren Haaren, schon lustiger. Nelson war bereits Weltmeister und sprach auch etwas Spanisch.

Bereits damals hatte Bernie ein Motorhome, oder vielmehr einen umgebauten Bus, und Sante war dessen Majordomus. Es war ein perfekter Ort für Kinder, um herumzuspielen – es gab Alles, was man brauchte. Es war ein Büro, ein Speisezimmer, ein Salon und Besprechungsraum - und natürlich auch die Bank. Es gab dort einen braunen Hartschalenaktenkoffer, der als Sparschwein für die Antrittsgelder der Rennveranstalter diente, die Bernie bei jedem Rennen in bar für die Teams kassierte. Geld regiert die Welt. Und vor Allem: nur Bares ist Wahres. 1982 waren das an jedem zweiten Wochenende schätzungsweise 800.000 Mark.

Es gab jedoch andere Dinge in dem Bus, die mich deutlich mehr interessierten: Merchandising-Artikel vom Sponsor Parmalat. Ein riesiger Parmalat-Iveco-Truck im Maßstab 1:30! Darin wäre Platz für Dutzende von Matchbox-Autos! Mit diesem Gerät könnte ich bei meinen Freunden mächtig Eindruck schinden. Meine Augen wurden immer größer! Die Formel 1 war in Ordnung - aber diesen Truck könnte man mit nach Hause nehmen! Sante sah meine

Mutter an - sie gab ihre Daumen hoch - und dieser Truck gehörte mir.

Sante brachte uns nach Hause und ich rannte sogleich mit meinem neuen Spielzeuglastwagen zu den Nachbarskindern, meinen beiden besten Freunden. Spielen war irgendwie schöner als das einzige Kind im Fahrerlager zu sein.

Weitere fünf Jahre sollten vor meinem nächsten Formel-1-Auftritt vergehen. Es war 1987, ich war fast 11 Jahre alt und dachte, ich wüsste genau, wie der Hase lief. Wieder fragte meine Mutter Bernie nach Paddock-Pässen. Vier davon, um genau zu sein! Meine beiden besten Freunde sollten diesmal mitkommen - sonst wäre es bestimmt wieder langweilig. Bernie sagte drei müssen reichen, vier seien einfach zu viele.

Welcher meiner beiden Freunde sollte zu Hause bleiben? Eigentlich keiner. Einer war ein Jahr jünger als ich, der andere ein Jahr älter. Uns war klar, dass der Jüngste am wenigsten kontrolliert werden würde. Wir haben die Schnur eines der Tickets gegen eine andere ausgetauscht, und meinem jüngeren Kumpel das Gummiband des Passes um den Hals gehängt. Die Enden haben wir so in sein Hemd gesteckt das es aussah als hätte er einen Pass. Er war den Tränen nahe, weil er befürchtete dafür ins Gefängnis geworfen zu werden.

Meine Mutter kaufte drei Programmehefte, verteilte drei Filzstifte und schickte uns auf Autogrammjagd. Wer würde die meisten Autogramme haben, bevor wir wieder abhauen? Zunächst musste man die Fahrer einmal erkennen! Wer hatte schon jemals von Alex Caffi, Piercarlo Ghinzani oder Eddie Cheever gehört? Bräuchte man irgendeines dieser Autogramme überhaupt? Nun, die Anzahl macht den Unterschied im Wettbewerb um die meisten Autogramme. Ich hatte immer noch ein Ass im Ärmel: eine Unterschrift von Bernie ... und damit ich hatte gewonnen! Als Bernie merkte, dass wir an der Autogrammjagd so viel Freude hatten, nahm er mich beiseite und versprach, mir ein Programm mit Autogrammen aller Fahrer zu zuschicken. Schon damals war mir klar, dass er Dinge erledigen konnte.

☆

Ich kam in Farringdon an und machte mich auf den Weg zur Anwaltskanzlei, die sich in einem Backsteingebäude an einer Ecke befindet. Ich gab der professionell freundlichen Rezeptionistin meine Anwesenheit bekannt und sie bat mich im Wartebereich der Lobby Platz zu nehmen, nachdem sie meine Jacke im Schrank hinter ihrem Empfang verstaut und mir einen Besucherausweis umgehängt hatte.
Es ist meine Angewohnheit immer etwas zu früh zu einem Termin zu erscheinen. Also träumte ich weiter, wie in der U-Bahn, während ich auf die Anwälte wartete. Ich erinnerte mich an meine ersten Schritte in der Formel 1.

♣ 1984 Hannah & Bernie @Zeltweg; ♠ 2005 Bernie & Hannah @Moskau; ♦ 2008 Vijay Mallya & Hannah @Istanbul; ▲ 2009 Tara & Hannah @Monaco; ★ 2017 Nico & Hannah @CDMX; ● 2006 Bernie Ecclestone & Hannah @Monaco

JEDER KATER HAT EINEN ANFANG

„Jede gute Party sollte langanhaltende Erinnerungen hinterlassen, auch wenn einige meiner Gäste sich sehr bemüht haben, diese mit vielen Cocktails zu eliminieren.“

Meine berufliche Karriere in der Formel 1 begann irgendwie beim Großen Preis von Österreich im Jahr 2003, dem letzten vor einer 11-jährigen Pause bevor der Rennzirkus im Jahr 2014 wieder in die grüne Einöde der Steiermark zurückkehrte. Davor war ich während der Saison nur Gast bei einigen Rennen gewesen. Ich lebte zu dieser Zeit in Wien und wusste, dass das Rennen auf dem A1-Ring als Anti-Monaco-Rennen gehandelt wurde, da die Strecke, die jetzt Red Bull Ring heißt, sich im Nirgendwo einer infrastrukturschwachen Region befindet, was im Klartext bedeutet: wollte man eine zivilisierte Cocktailbar finden, musste man zurück nach Wien. 210 km für einen Drink – schwierig würde ich sagen!

Trotzdem stammten Teile meiner Familie aus genau dieser Region, so dass ich die Gegend ein wenig kannte und auf die Idee kam, meine erste Veranstaltung genau dort auszurichten. Tatsächlich gab es damals nur ein einziges Hotel, in dem die großen Tiere der Formel 1 übernachten würden – der Rest kam in „schwierigen Verhältnissen“ unter. Meine Überlegung war: alle Schlüsselpersonen an einem Ort - das musste die perfekte Eventlocation sein, um am Freitagabend eine verschwenderische Party zu feiern. Das Hotel Schloss Gabelhofen war eine wunderschöne Wasserburg aus dem Jahr 1443 mit einer Holzbrücke, die über den Burggraben führte, an einem Garten vorbei direkt in den Arkadenhof.

Ein Jahr zuvor hatte ich meinen österreichischen Geschäftspartner getroffen, der direkt neben der Rennstrecke wohnt und während des Rennwochenendes einen Schönheitswettbewerb organisierte, der in einem Pin-up Kalender resultierte. Das war definitiv nicht das, was ich im Sinn hatte, aber ein paar hübsche Mädchen zur Hand haben hat noch keiner Party geschadet! Ich schlug ihm die Idee einer hochkarätigen Party vor, da es für mich wichtig war, jemanden vor Ort zu haben, der sich um die Produktion und die lokalen Lieferanten kümmerte. Wir nannten die Party „Beauties & Heroes“ - was rückblickend ziemlich kitschig klingt, aber diese Party war etwas, was die Formel 1 bis dahin so noch nicht gesehen hatte. Das Partygeschäft rund um ein Rennwochenende steckte damals noch in den Anfängen, und wir haben es mit unseren Ideen und unserer Gästeliste geschafft es auf eine andere Ebene zu bringen.

☆

Nachdem alle Details mit der Besitzerin von Schloss Gabelhofen vereinbart waren und die Entscheidung gefallen war die Party in der modernen Galerie zu veranstalten, begannen wir mit unserem Konzept Sponsoren einzuwerben. Die Galerie bestand aus verschiedenen Räumen, und jeder Raum sollte ein anderes Thema erhalten. Der zentrale Party-Raum war den sieben Sünden gewidmet, in dem wie zum Beispiel ein riesiges Bett installierten, welches für die Faulheit stand oder einen übergroßen goldenen Spiegel für die Eitelkeit. Der gesamte Raum war absolut dunkel, aber gleichzeitig sah er mit all den Installation sehr biblisch aus. Im Raum daneben gab es eine professionelle Carrera Bahn, wo sich F1-Fahrer und Gäste messen konnten. Auch hatten wir einen gemütlichen Lounge Raum eingerichtet, der den großen der F1 vorbehalten war, damit sie sich auch zurückziehen konnten, falls der Trubel mit den anderen Gästen zu groß würde. Im Hof der Burg hatten wir spezielle Autos eines bekannten Herstellers ausgestellt, mit denen die Gäste zu einer nahe gelegenen Hütte fahren konnten, wo es eine typisch österreichischen Brettljause gab, bevor es zurück zur Party ging.

Wir begannen circa einen Monat vor dem Event unsere Promotion und waren zum Glück bereits eine gute Woche vorher ausverkauft. Wer eines der begehrten Tickets erwarb, konnte sämtliche Annehmlichkeiten der Party genießen, und es gab natürlich auch reichlich zu Essen, Trinken, gucken und genießen.

☆

Das Who-is-Who der Formel 1 kam und staunte: Bernie Ecclestone mit seiner damaligen Frau Slavica, Niki Lauda, Flavio Briatore, Jean Todt und Norbert Haug, waren unter den Gästen, und etliche F1-Fahrer, die sich unter das geladene Partyvolk mischten.

Die unterschiedlich dekorierten Räume waren der Knaller. Klare Favoriten: die sieben Sünden und die Carrera Bahn. Die vielen Mädels, die wir eingeladen hatten, machten es sich zumeist auf dem Bett gemütlich, und die männlichen Gäste ließen sich nicht lange bitte dazu zu kommen. Bei der Carrera Bahn ging es sprichwörtlich um Leben und Tod, denn die F1 Fahrer waren wie im echten Rennauto ehrgeizig und wollten den Controller gar nicht mehr aus der Hand legen. Bernie, Slavica und Flavio machten es sich für einige Zeit in der Lounge gemütlich, und ich schickten eines unserer Promotionmädels mit Eiscreme und einen Fotografen hinein um diese Situation festzuhalten. Bernie zickte seine Frau an doch die Verpackung des Eisherstellers gefälligst wegzulegen, denn sie wurde ja schließlich nicht dafür bezahlt Werbung dafür zu machen.

Flavio hielt es zu diesem Zeitpunkt nicht allzu lange in der Lounge aus. Er war damals schon auf dem Höhepunkt seiner Bekanntheit angekommen und so ziemlich jedes Mädel auf der Party wollte ein Foto mit ihm machen. Natürlich gefiel ihm das, und er machte ein paar Runden durch die verschiedenen Räume.

Wollte einer der VIP-Gäste gehen, führte ich sie persönlich nach oben in die Lobby des Hotels, um ihnen für ihr Kommen zu danken. Als ich Norbert Haug begleitete, der Motorsport Chef von Mercedes-Benz war, entdeckte er direkt neben der Rezeption einen großen weißen Flügel. Er war überaus gut gelaunt und liebte es anscheinend, Klavier zu spielen, also fing er an in die Tasten zu hauen. Keine fünf Minuten später kam die Besitzerin des Hotels angeschossen, eine ältere Dame, die wie das Abbild einer aristokratischen Schlossbesitzers aussah und schlug die Tastaturklappe mit voller Wucht zu, wobei sie Norbert Haugs

Finger nur knapp verfehlte. Sie schrie ihn an und befahl ihm, er solle sofort zu Bett gehen, was er ohne Widerrede tat.

Etwas später kam der beste Freund und Geschäftspartner eines der hochkarätigen F1-Leute zu mir und fragte, ob ich ein Mädchen arrangieren könne, das diesen für ungefähr eine Stunde lang in dessen Suite treffen würde. Ich sagte zu ihm, dass wir keine professionellen Mädchen eingeladen haben, und dass es am besten wäre, wenn er den Concierge zu diesem Thema ansprechen würde. Er flehte mich an, ihn zu diesem Gespräch an die Rezeption zu begleiten, da er kein Deutsch sprach. Also haben wir die Rezeption gebeten, das nächstgelegene Bordell in Graz anzurufen, und die sagten, dass sie innerhalb der nächsten Stunde zwei Mädchen schicken würden, um eine Auswahl zu treffen zu können. Er war glücklich. Ich war froh, dass ich zu meiner Veranstaltung zurückkehren und mich wieder um die Gäste kümmern konnte.

Was ich nicht wusste ist, dass sie in der Zwischenzeit eine alternative Lösung für ihre Anfrage gefunden haben müssen. Genau als die Party auf dem Höhepunkt war, wurde ich von einem zwei Meter großen Zuhälter angesprochen, der mich nach dem am Telefon vereinbarten Geld fragte. Er wurde direkt vom Concierge mit der Information zu mir geschickt, dass ich für all diese Angelegenheiten verantwortlich bin. Angesichts der Größe und des Aussehens meines Gegenübers beschloss ich, mich nicht auf eine Diskussion mit ihm einzulassen, und handelte einen vertretbaren Betrag aus, damit er mich am Leben ließ.

Ich sagte mir, dass ich diese Person am nächsten Tag im Fahrerlager in seinem Motorhome besuchen werde, um das Geld zurückzufordern, das ich für einen Service auslegen musste, in dessen Genuss ich nicht gekommen war.

☆

Es war Nick Heidefelds Pech, dass das DJ Pult direkt unter seinem Zimmer war. Gegen Mitternacht kam der damalige Sauber

Pilot wütend hinunter und forderte uns auf, die Musik sofort leiser zu stellen, er wolle schlafen. Samstag war Qualifying und er brauche seine Ruhe. Insgesamt dreimal kam er herunter, dann gab er auf. Nach dem Qualifying begegneten wir uns – er sah müde und sichtlich gezeichnet aus. Ich sagte ihm, dass es das Beste war, was ihm passieren konnte. Denn er hatte das beste Qualifying-Ergebnis der gesamten Saison eingefahren! Wir mussten beide schallend lachen. Der Sauber war normalerweise nicht in der Lage, es in die Top-Ten zu schaffen, und Nick hatte das Auto auf P4 gesetzt!

Es war schade, dass der Grand Prix von Österreich nach diesem Jahr abgesetzt wurde, da er die Grundlage meiner weiteren Arbeit in der F1 war. Es brauchte trotzdem noch einige Jahre, um die Idee einer Party nach dem Rennen zu kultivieren. Aber es war eine unschätzbare Erfahrung und hat bei etlichen Teamsponsoren ein Bewusstsein für mein Organisationstalent geschaffen, so dass ich für diese verschiedene Veranstaltungen organisieren durfte.

Der Kontrast zwischen dem Großen Preis von Österreich zu Rennen wie Monaco oder Singapur, brachte mich auf eine andere Idee - aber dazu etwas später, zuvor musste ich mich um einige andere Dinge kümmern.

2003 beim Beauties&Heroes Event ♣ Tara & Ekki; ♠ Slavica Ecclestone & Niki Lauda; ♦ Flavio Briatore mit Fans; ▲ Bernie Ecclestone & Flavio Briatore; ★ Alexander Wurz; ● Niki Lauda, Slavica & Bernie Ecclestone

ROCKSTARS IN HÜLLE UND FÜLLE

„Ein Versuch, der Zeremonienmeister zu sein, trotz einer peinlichen Uniform.“

Es war in der Anfangszeit meines Formel-1-Engagements, als mich 2005 einer meiner Kunden - damals das drittgrößte Tabakunternehmen der Welt und Hauptsponsor des Renault F1-Teams - fragte, ob ich ihnen nicht eine richtige Berühmtheit für das Rennen in Monaco organisieren könne. Jeder weiß, dass das Rennen in Monte-Carlo das prestigeträchtigste Rennen des gesamten Formel-1-Kalenders ist – und da muss geklotzt werden. Wer kleckert ist out! Zur gleichen Zeit stand ich in Kontakt mit einem Deutschen der mit einem kalifornischen Kosmetikunternehmen zusammenarbeitete, das nach einem hochkarätigen Einfallstor in Europa suchte, sobald die Genehmigung erteilt war, die Erzeugnisse in der EU zu verkaufen. Das besagte Produkt, um das es ging, war eine Art Lippenserum namens Hollywood Prescription und Paris Hilton war nicht nur eine der Aktionäre des Unternehmens, sondern auch deren Markengesicht.

Das wäre der Knaller! Paris Hilton beim Grand Prix von Monaco als der Stargast des Formel-1-Teams von Mild Seven Renault! Und ich würde die Interviews mit den größten TV-Sendern arrangieren, damit sie ihre Kosmetiklinie bewerben kann. Eine Win-Win-Win-Situation würde ich sagen!

Aber bis dahin war es noch ein weiter Weg. Die Amerikaner wollten alles in einem Vertrag festgehalten – jeden klitzekleinen Punkt. Der Vertrag, den sie schickten hatte mehr Anforderungen als die Extra-Liste für eine Superyacht. Neben dem Privatjet, der sie von München nach Nizza und nach dem Rennen nach London fliegen sollte, wollten sie mit großem Gefolge in Monaco aufschlagen!

Ich wies darauf hin, dass diese Kosten nicht von meinem Kunden übernommen würden und dass „viele“ Paddock-Pässe maximal vier bedeuten würden, inklusive der von Paris. Nach einigem Gefeilsche erklärten sie sich bereit, ihre eigenen Reisekosten zu tragen, da sie den PR-Wert eines Auftritts in

Monaco erkannten. Ganz zu schweigen von einem Fernsehpublikum, das die 100 Millionen Zuschauer Marke mit Leichtigkeit überspringen würde. Will man für ein Produkt werben, ist dies die perfekte Gelegenheit! Das wurde ihnen sehr schnell klar.

☆

Am Samstag, dem 21. Mai 2005, stand ich in ständigem Kontakt mit dem deutschen Kontaktmann für die Arrangements von Hollywood Prescription. Er teilte mir mit, dass die Veranstaltung in München sehr gut verlaufen sei, und schickte mir die voraussichtliche Ankunftszeit des Privatjets in Nizza, plus die Kennung des Flugzeugs. Sie würden ungefähr um 10.30 Uhr landen, und ich hatte einen Transport organisiert, um sie vom Terminal abzuholen und direkt zum Formel-1-Fahrerlager zu bringen. Die Fahrt vom Flughafen Nizza nach Monaco dauert normalerweise etwa 30 Minuten, aber der letzte Kilometer am Renntag könnte zum Albtraum werden.

Trotzdem war alles präzise geplant, um Paris für die Fernsehinterviews vorzubereiten - inklusive Zeit für Make-Up und Haare - um dann das Rennen zu sehen. Die Fernsehstation würden sich überschlagen, um ein Interview mit Paris Hilton zu bekommen. Ellbogen würden ausgefahren werden, für die beste Position. Im Nachhinein erinnere ich mich einzig an den Auftritt von Al Pacino, der ähnliche Hysterie verursachte. Aber zu diesem Zeitpunkt war Paris eine A-Level Berühmtheit mit einer Omnipräsenz auf den Titelblättern aller Hochglanzmagazine rund um den Globus. Sie war DAS Vorbild eines It-Girls.

☆

Am Sonntag gegen 9.30 Uhr rief mich ein Mitarbeiter vom Shuttleservice an und sagte mir, dass der Flug nicht mehr auf der

Ankunftsliste des Flughafens von Nizza aufgeführt sei, und ob ich herausfinden könne, ob sie ihren Charter geändert hätten. Ich war verwirrt und fing an, den deutschen Kontaktmann von Hollywood Prescription anzurufen, aber er nahm erst um 10 Uhr ab. Als ich ihn schließlich erreichte, klang er so, als wäre er gerade aufgewacht und ich konnte buchstäblich die Alkoholfahne über das Telefon riechen. Ich fragte ihn, was zum Teufel los sei. Er war verwirrt und machte Paris und ihre Gruppe für die Verspätung verantwortlich, während ich mir dachte, dass es allein seine Schuld war, weil er sich am Abend zuvor auf einer Party hat volllaufen lassen und weder sein Telefon abnahm, noch auf das Klopfen an seine Zimmertüre reagierte. Ob Sie es glauben oder nicht: Paris und ihre Gruppe saßen seit 7.30 Uhr in der Lobby ihres Hotels und warteten auf den Transport zum Münchner Flughafen. Keiner von ihnen hatte die Information, welche Privatjet-Firma sie benutzen würden, außer diesem Deutschen. Verdammt unprofessionell oder einfach nur unfähig!

Jetzt war Schadensbegrenzung angesagt! Wie könnten wir diese absurde Situation drehen und sie trotzdem rechtzeitig nach Monaco bringen, ohne wie absolute Vollidioten auszusehen?

Es war hoffnungslos, einen späteren Landeslot am Flughafen von Nizza zu bekommen, da Flugzeuge um diese Zeit im Minutentakt landen würden, da die Top-Bosse und die High-Society mit ihren PJs angeflogen kamen, um das Rennen zu sehen.

Wir mussten einen Plan B ausarbeiten. Dringend! Das bedeutete, dass wir den Flug zum Riviera Flughafen in der Nähe von Albenga in Italien umleiteten und einen Hubschrauber arrangierten mussten, der Paris nach Monaco brachte. Mein Kunde musste diese Kosten abdecken, da die Kreditkarte des Deutschen zurückgewiesen wurde oder er überhaupt kein gar Geld hatte - wer weiß.

☆

Schließlich schaffte sie es nach Monaco, aber sie verpasste die Startaufstellung und natürlich auch den Start des Rennens. Zum Glück war der Hubschrauber nur für vier Gäste zugelassen, so dass der Deutsche ein Auto nehmen musste, um nach Monte-Carlo zu fahren. Er kam erst nach Rennende an. Das war sein Glück, sonst hätte ich ihn an Ort und Stelle erschossen.

Das erste, was wir tun mussten war, Paris Haare und Make-up aufzufrischen, da sie sich weigerte, so ins Fahrerlager zu gehen wie sie aussah - und vor allem nicht vor eine Kamera zu treten.

Ich sagte zu ihr, dass sie gut aussah 🤥 und dass niemand merken würde, dass sie eine fünfstündige Reise-Odyssee hinter sich hatte – aber offensichtlich war das nicht das, was sie dachte und wie sie sich fühlte. Und sie sah tatsächlich etwas abgekämpft aus.

Unser aller Nerven lagen blank, aber was konnten wir tun. Zumindest folgte sie meinem Briefing und trug ein hellblaues Kleid, da Blau die Farbe des Teams und insbesondere des Sponsors war. Es wäre das Tüpfelchen auf dem i an diesem bisherigen Horrortag gewesen, wenn sie in einem Ferrari-roten Kleid aufgetaucht wäre! Wir haben sie blitzschnell im Hinterzimmer eines Gebäudes direkt neben dem Paddock „restauriert" und als wir das Drehkreuz zum Fahrerlager erreichten, wartete bereits die Meute der Kamerateams. Alle schrien und jeder wollte der erste sein, der ihr das Mikrofon ins Gesicht hielt. Wir kämpften uns mühsam bis zur Renault-Hospitality durch, wo ich ihr klar machen musste, dass sie nur dann Interviews geben würde, wenn sie die Team-Jacke trug, auf der natürlich alle Sponsoren aufgeführt waren. Es war ein verdammt heißer Tag und niemand wäre auf die verrückte Idee gekommen, eine Langarmjacke zu tragen - nun, sie musste.

Wir haben es schließlich geschafft, one-to-one Interviews in der Renault Hospitality zu machen damit sie nicht von den Medien eingekesselt würde und niemand brauchbares Material hätte. Danach machten wir uns auf den Weg in die Teamboxen, um das

Ende des Rennens von dort zu verfolgen. Dann ging es zur Podiumszeremonie und auf dem Weg dorthin schoss ihr Fotograf viele Bilder von Paris beim Rennen in Monaco. Am Ende war sie eine sehr coole Person, mit der man gut zusammenarbeiten konnte, und sobald die Dinge reibungslos liefen, war es sehr einfach, sie zufrieden zu stellen.

Nach der Siegerehrung kehrten wir ins Fahrerlager zurück, um einigen Teamgästen Hallo zu sagen, Fanfotos zu machen und das Teammanagement zu treffen.

Danach besuchten wir eine der Yachten im Hafen wo zufällig auch einer ihrer Hollywood-Freunde zu Gast war - Kid Rock. Wir hingen dort eine Weile ab und tranken etwas, bevor ich zu meinem Hotel zurückmarschierte und unendlich dankbar war, dass dieser Tag viel besser endete, als er begonnen hatte.

♣ 2010 Pharrell Williams @Monaco; ♠ 2012 Antonio Banderas @Monaco; ♦ 2012 Michael Fassbender @Monaco; ▲ 2011 Chester Bennington @Singapur; ★ 2005 Paris Hilton @Monaco; ● 2012 Steve Wynn @Monaco

Im Jahr 2007 sollte ich mich um Bernies persönliche Gäste im Formel-1-Paddock-Club kümmern. Dieser Paddock Club ist der privilegierte Aufenthaltsort für besondere Gäste der Teams und finanzkräftiger Fans, mit direkter Aussicht auf die Start- und Zielgerade und intimen Einblicken in die Teamgaragen mit Gourmetküche und offenen Bars. Für ein paar tausend Euro bekommt man ein gehobenes Rennwochenende und kann sich hoffnungslos mit Champagner betrinken. Nur die Teams selbst sind näher dran an den Boliden und dem heißen Asphalt.

Der Nachteil, des VSGBE-Gastgebers (ganz besondere Gäste von Bernie Ecclestone) war, dass ich meine private Garderobe mit der Formel-1-Managementuniform tauschen musste, einer Mischung aus einem UPS-Zusteller und einem Safaritouristen. Das Hemd hatte eine khakigrüne Farbe, das FOM-Logo war auf die Vordertasche und den linken Ärmel gestickt und mein Name auf der rechten Seite. Neben diesem stylischen Shirt kam das Outfit mit einer grässlichen schwarzen Cargohose, mit mehr Taschen als der Mensch Finger an den Händen hat. Trotzdem habe ich den Job natürlich übernommen, da Bernie damals bei keinem der Rennen viele Gäste hatte. Warum sollte er auch, denn dann müsste er sie unterhalten, und das wäre in seinen Augen pure Zeitverschwendung, die ihn nur davon abhalten würde wichtigeres zu tun: mit ein paar Auserwählten Backgammon zu spielen, wie etwa Michael Schumacher oder später Sebastian Vettel, der als typisch Hessisches „Cleverle“ Backgammon zu spielen lernte, um einen Fuß in Bernies Tür zu haben.

Der zweite Nachteil war, dass ich jetzt auf dem Radar von Bernies rechter Hand war und dieser Typ mich nicht wirklich mochte. Er war Bernies rechte Hand also musste sich jeder im Fahrerlager mit ihm abfinden obwohl die Sympathielage einem Oscar Wilde Spruch wohl sehr nahekam: „Einige sorgen für Glück, wohin sie auch gehen, andere, wann immer sie gehen.“ Wilde hatte wohl eine Vorahnung! Während des Grand Prix von Kanada rief er mich in sein Büro und bat mich, mich zu setzen, da er mir etwas sehr Wichtiges sagen musste. Also setzte ich mich direkt vor seinen Schreibtisch. Er ließ mich warten. Er telefonierte und telefonierte - schätzungsweise 20 Minuten lang. Nach ungefähr 15 Minuten stellte er fest, dass ich ungeduldig wurde.

Ich stand unter Zeitdruck, aber er streckte das Gespräch noch genüsslich um ein paar Minuten. Schließlich begann er seinen Monolog. Er redete mit mir, als würde jemand mit einem Schüler sprechen, der auf frischer Tat bei einem dummen Streich ertappt wurde. Er wies darauf hin, dass ich mich jetzt, da ich die FOM-Uniform trage, in das Unternehmen integrieren müsse und nun offensichtlich Teil seines Einflussbereichs wäre. Ich musste schlucken und sagte dem Job innerlich bereits adieu.

Er sagte mir, dass ich vor jedem Rennen nach London kommen und den Charterflug mit dem Rest des britischen Personals nehmen müsste. Das Tragen dieser Uniform ist mit gewissen Verpflichtungen verbunden und eine Ehre für jeden, der in der F1 arbeitet. Natürlich stimmte ich ihm zu, dass das Tragen dieser sehr eleganten Uniform eine Ehre ist, aber ich fragte, ob er ernsthaft meinte es würde Sinn ergeben, vor den Rennen nach London zu pendeln? Er bestand darauf ...

Nun, als nächstes fragte ich Bernie, ob er das auch so wollte - ich fühlte mich wie ein Kind, das zu seinen Eltern rannte und petzte. Bernie sah mich an, als würde ich ihn fragen, ob die Erde rund sei, und er sagte, warum ich mir so einen Unsinn einfallen lassen würde. Einerseits war ich erleichtert 😅, dass dieser Schwachsinn an mir vorbei ging – andererseits wusste ich, dass dies ein Nachspiel haben würde, da seine rechte Hand das Gedächtnis eines Elefanten hatte.

☆

Im Juni dieses Jahres hatten wir den Grand Prix von Kanada back-to-back mit dem allerletzten Grand Prix der USA in Indianapolis. Während des Rennwochenendes in Montreal nahm das Management von Pharrell Williams mit mir Kontakt auf, da Pharrell den Wunsch hatte nach Indianapolis zu kommen. Warum ihn nicht als besonderen Gast von Bernie betreuen – dachte ich mir?

Es war die Zeit, als Apple nur noch wenige Wochen von der Veröffentlichung seines ersten iPhone entfernt war. Die Kommunikation war also etwas langsam und bestand entweder aus Textnachrichten mit höchstens 160 Zeichen, einer E-Mail vom Computer oder einem klassischen Telefonanruf. Auf jeden Fall erfuhren wir, dass Pharrell zum US-Grand Prix nach Indianapolis kommen würde.

Schon damals war Pharrell mehrfacher Grammy-Gewinner und einer der besten Songwriter der Musikbranche. Seine Produktionsformation namens Neptunes war zusammen mit Chad Hugo für andere Stars und deren Nummer-1-Hits verantwortlich. Dies änderte aber nichts an der Tatsache, dass wir nur zwei Paddock-Pässe zur Verfügung hatten - für ihn und einen Gast seiner Wahl. Er schien damit einverstanden zu sein und entschied sich für seinen Manager. Deshalb teilte ich seinem Management mit, dass wir uns am Samstag, den 16. Juni 2007, um 11 Uhr in der Lobby meines Hotels, dem Conrad, treffen sollten, um gemeinsam zum Indianapolis Motor Speedway - auch Brickyard genannt – zu fahren. Hannah und ich waren etwas zu früh und warteten in der Lobby. Wir setzten uns auf eines der Sofas gegenüber der Rezeption und warteten. Pharrell war absolut pünktlich und kam mit seinem Manager und seinem Leibwächter, der genauso aussah, wie man sich jemanden vorstellt, der sich zwischen einem selbst und eine abgefeuerte Kugel werfen würde. Ich hatte das Gefühl, dass dieser Typ drei Meter hoch und sechs Meter breit war.

Pharrell war so gekleidet, wie man sich einen Rapstar vorstellet. Er trug ein weißes T-Shirt, dass seine tätowierten Arme zeigte, eine rote Baseballkappe schräg auf dem Kopf, eine sehr teure Uhr und einem Diamantring an der rechten Hand, die wahrscheinlich mehr wert waren als mein Leben. Natürlich erkannten ihn die Leute, als er durch die Drehtür ins Hotel kam. Er war sofort von einigen Fans umringt, die Autogramme oder ein Foto wollten.

Sein Manager entdeckte mich und kam auf uns zu. Nach ein paar Minuten kam auch Pharrell und wir stellten uns einander vor. Wir hatten noch nie persönlich miteinander gesprochen noch uns jemals zuvor gesehen. Pharrell bemerkte, dass unser Hotel so viel schöner war als sein heruntergekommenes „historisches Hotel“, und ob wir nicht prüfen könnten, ob noch einige Zimmer verfügbar waren, denn er möchte so schnell wie möglich umziehen. Nach etwas Smalltalk übergab ich die beiden Fahrerlagerpässe und wies darauf hin, dass wir wirklich nur diese zwei hatten. Also musste sein Leibwächter draußen bleiben. Ich hatte den Parkservice bereits gebeten, meinen Mietwagen aus der Garage zu holen, damit wir sofort losfahren konnten.

Als wir vor das Hotel traten, stand das Auto bereits da - es war ein goldener Mercury Montego 🙈. Pharrell sah mich mit einem Grinsen im Gesicht an und sagte: „Das ist ja eine Bullen-Karre.“ Ich grinste zurück und antwortete, dass das so nicht ganz stimmt: das es ein ganz normaler goldener Mietwagen der Baureihe sei, wie sie auch die Polizei sehr schätzt! Er lachte und bot an, stattdessen sein Auto zu nehmen, einen schwarzer Cadillac Escalade – der natürlich besser geeignet für eine Berühmtheit seines Kalibers war. So sehr ich die Fahrzeuge auch wechseln wollte, musste ich doch ablehnen, denn der Parkaufkleber für die Strecke klebte bereits an der Windschutzscheibe meines schicken goldenen Bullen-Autos. Also stiegen wir alle ein und ich fuhr uns zur Strecke, was ohne Verkehr ungefähr 15 bis 20 Minuten dauert. Pharrell war sehr interessiert an allen Dingen rund um die Formel 1 und insbesondere daran, sich mit Bernie zu treffen, um mit ihm zu plaudern. Er wusste, dass die Formel 1 in den USA nicht sonderlich populär war und ich erzählte ihm von dem Skandal von 2005 rund um die Michelin-Reifen, der dazu führte, dass sich sieben Teams nach der Formationsrunde aus dem Rennen zurückzogen. Nur die drei Teams, mit Bridgestone-Reifen - insgesamt also nur sechs Autos starteten das Rennen, was das Rennergebnis zu einer reinen Farce machte. Nach so einer peinlichen Vorstellung fragten sich viele, ob es jemals wieder einen Grand Prix der Vereinigten Staaten in Indianapolis geben würde. Da die US Fans ihren Unmut drastisch demonstrierten, denn sie bewarfen F1-Mitarbeiter mit Müll und auch die Strecke bekam eine geballte Ladung ab. Bernie Ecclestone und seiner Frau wurde geraten die Stecke unauffällig zu verlassen.

Auf dem Weg zur Rennstrecke erkannten einige Leute Pharrell im Auto – oder glaubten ihn zu erkennen, denn ich sah große Fragezeichen auf den meisten Gesichtern. Wahrscheinlich fragten sie sich, ob es tatsächlich Pharrell Williams in diesem hässlichen und unauffälligen Fahrzeug ist. Die Einfahrt in den Brickyard ging dann im Schritttempo, da der Verkehr immer dichter wurde und einige freiwillige Streckenhelfer die Gelegenheit nutzen meinem berühmten Copiloten nach einem Fanfoto zu fragen. In so einem Fall ist es absolut sinnvoll, einen übergroßen SUV mit getönten Scheiben zu haben. Wir parkten das Auto auf dem Parkplatz neben der Einfahrt zum Fahrerlager und machten uns auf den Weg durch die berüchtigten Drehkreuze. Bei Zugangserteilung machten sie immer ein nerviges Geräusch.

Im Fahrerlager führte ich ihn herum, besuchte einige der Teamgaragen und schüttelte alle paar Meter Hände mit Leuten, die entweder Pharrell erkannten oder die ich kannte, nur um „meinen" Gast vorzuführen. Robert Doornbos gab Pharrell in der Red Bull Racing-Box einige technische Informationen, und Mark Webbers Auto wurde gestartet, um den irrsinnigen Sound des V8-Motors zu demonstrieren. Pharrell liebte alles. Robert war damals nur Ersatzfahrer für das Team, also wagte er es nicht, Pharrell einzuladen, in den Rennwagen zu steigen, daher war es auch gut so, dass niemand diesen Wunsch äußerte.

Auf dem Weg zur Red Bull-Hospitality entdeckte ich Lewis Hamilton, der durch das Fahrerlager schlenderte. Ich hielt es für eine gute Idee, ihn zu bitten, Pharrell zu begrüßen. Erscheint logisch, oder? Lewis war am Beginn seiner Formel-1-Karriere und fuhr in diesem Jahr für McLaren. Zusammen mit Doornbos unterhielten sie sich ein wenig, während ich dafür sorgte, dass wir im VIP Bereich von Red Bull zu Mittag essen konnten.

Pharrell hatte tausend Ideen im Kopf, wie man die Formel 1 zu einem noch größeren Erlebnis machen könne, als es ohnehin bereits war. Natürlich war er sich inzwischen bewusst, dass die F1 in den USA keinen guten Stand hatte und der Ticketverkauf erheblich darunter litt. Gleichzeitig wusste er aber, dass es sehr wichtig für alle Sponsoren ist auf dem nordamerikanischen Markt und insbesondere in den USA präsent zu sein. Er sah, dass es im Bereich Lifestyle und Entertainment viel Raum für Verbesserungen gab, wenn man als Beispiel den Super Bowl heranzieht oder jedes andere große amerikanische Sportereignis. Mit solchen Ideen rannte er bei mir natürlich offene Türen ein, da ich selbst Bernie viele Male davon zu überzeugen versuchte den Fans mehr Unterhaltung zu bieten, die einen verdammt hohen Preis dafür zahlen, auf den Tribünen zu sitzen. Hoffnungslos, und man sollte besser sofort die Klappe halten, wenn man das Gefühl bekommt, dass jedes weitere Wort das plötzliche Aus in der Formel 1 bedeuten konnte 😶.

Pharrell zeigte auf meine Uniform, und dass sie ein Paradebeispiel wäre für dringende Verbesserungen. Mein UPS-Safari Outfit wurde an diesem Wochenende zum Running-Gag. Pharrell wusste wovon er sprach: wenige Jahre zuvor hatte er in Tokio und New York eine Bekleidungsfirma namens Billionaires Boys Club gründete und stand auch mit Louis Vuitton wegen einer möglichen Zusammenarbeit in Verhandlungen. Meine Uniform und der Mangel an stylischen Menschen im Fahrerlager zeigten ihm die Notwendigkeit, Bernie von einer Zusammenarbeit mit der Formel 1 zu überzeugen.

Also gingen wir nach dem Mittagessen zu Bernies Büro, um bei einer Tasse Tee zu plaudern. Alle paar Minuten klopfte jemand an die Tür, um zu sehen, ob Bernie frei war. Pharrell brachte seine Idee auf den Punkt, und Bernie war auch ganz angetan. Aber anders als Pharrell dachte. Bernie fragte Pharrell, wie viel er bereit wäre, für das Recht zur Nutzung der Formel-1-Marke zu zahlen. Pharrell blieb der Mund offenstehen! Er erkannte auch sofort, dass es wenig Sinn hatte, Bernie von einer Zusammenarbeit jeglicher Art zu überzeugen, ohne eigenes Geld in die Hand zu nehmen. Und dieser Punkt wurde noch weiter gedehnt, als Pharrell Bernie fragte, ob er sein Gefolge für das morgige Rennen mitbringen könne. Bernie sah mich an, und ich musste mit den Schultern zucken, da ich bis dahin nicht wusste, dass es überhaupt ein Gefolge gab. Bernie sagte das wäre in Ordnung und schlug vor, er solle doch Paddock Club-Tickets kaufen und dass ich Pharrell direkt zum Paddock Club-Büro bringen solle, damit er sie sofort erwerben könne!

Wir verbrachten noch circa weitere 10 oder 15 Minuten in Bernies Büro und als wir wieder draußen standen musste sogar Pharrell lachen, als ihm klar wurde, dass Bernie ihm ziemlich genau gezeigt hatte, wie die Dinge in der F1 laufen. Ich führte Pharrell zum Büro des Paddock Clubs, wo er seine Kreditkarte auf den Tisch legte und acht oder neun PC-Pässe für den Renntag im Wert von rund 40.000 Dollar kaufte. Ich staunte, aber für ihn war es offensichtlich keine große Sache. Vor seiner Unterhaltung mit Bernie hatte er vor, mit ihm Geschäfte zu machen - aber stattdessen brachte er ihm Geschäfte. Nun, so geht es vielen mit Bernie. Ich habe aber dafür gesorgt, dass wir am nächsten Tag am VSGBE-Tisch sitzen dürfen.

Wir haben das Qualifying im Paddock Club gesehen und Pharrell konnte einen ersten Blick darauf werfen, was er für sich und sein Gefolge für den nächsten Tag gekauft hatte. Er war besonders erfreut, dass Hamilton in seinem McLaren MP4-22 von der Pole Position starteten würde.

Pharrell fragte mich, ob ich jemanden vom Management von McLaren kenne, da er eines ihrer Straßenautos kaufen wollte. Ich sagte, wir können zu ihrer Hospitality gehen und nach Ron Dennis Ausschau halten, der nicht nur Teamchef des Formel-1-Teams, sondern auch CEO von McLaren Automotive mit Sitz in Woking in Großbritannien war. Gesagt, getan - ich stellte Pharrell und Ron vor und es begann sofort ein Gespräch über den Mercedes-Benz SLR McLaren. Pharrell wollte keine Standardversion dieses Autos, sondern es sollte in Weißgold lackiert werden. Also schrieb Ron Dennis die Details auf und sagte, dass seine Leute in Woking sich mit ihm in Verbindung setzen würden, um zu prüfen, ob diese Anfrage machbar sei.

Dieses positive Feedback veranlasste Pharrell, mich zu fragen, ob ich auch jemanden bei Ferrari kenne. Ich sagte, dass ich Jean Todt ein wenig kenne und dass wir das gleiche mit Ferrari versuchen könnten, was wir vor 10 Minuten mit McLaren getan haben. Also gingen wir zur Ferrari Hospitality und ich fragte nach Jean Todt, der gerade von einem Treffen in der Garage zurückgekehrt war. Wir setzten uns an einen Tisch und Pharrell drückte seinen Wunsch aus, einen in Gelbgold lackierten Ferrari Enzo Ferrari zu kaufen. Jean Todt hob die Augenbrauen und rief jemanden aus der Marketingabteilung, um an diesem kleinen Verkaufsgespräch teilzunehmen. Das Gespräch verlief reibungslos und Jean Todt versicherte Pharrell, dass seine Leute in Maranello sich gerne um ihn kümmern und alle Details herausfinden würden, die notwendig sind, um einen solchen Kauf zu ermöglichen.

Danach beschlossen wir, dass wir genug Rennluft geschnuppert hatten und machten uns auf den Weg zurück in die Stadt. Es war auch genug Geld für einen Samstag verbrannt worden, würde ich sagen. Die goldene Polizeikarre erschien mir jetzt noch lächerlicher, als am Morgen, obwohl Gold in allen Schattierungen Pharrells Lieblingsfarbe zu sein schien. Aber wie heißt es: schlecht gefahren ist besser als gut gegangen! Bullenauto oder nicht 😬. Aber aus irgendeinem Grund war ich dann doch froh, die Schlüssel beim Parkservice im Hotel abzugeben.

Pharrells Leibwächter wartete bereits darauf, ihn abzuholen, und jetzt, da er all diese Paddock Club-Pässe für Sonntag gekauft hatte, erhielt er auch drei Autopässe, damit er in seinem Escalade im Rapstar-Stil an der Rennstrecke aufschlagen konnte. Ich war erleichtert und wir waren uns einig, uns am nächsten Tag um 10 Uhr in der Lobby zu treffen, um gegen 11 Uhr an der Strecke und im Paddock Club zu sein, da wir wussten, dass der Verkehr sehr viel stärker sein könnte. Glücklicherweise gelang es Pharrell, an diesem Abend in unser Hotel zu wechseln, und deshalb war all dies auch für mich sehr praktisch. Am Abend planten wir, in Mo's Steakhouse zu Abend zu essen, und ich traf dort das gesamte Gefolge, das am nächsten Tag zum Rennen kommen würde. Auch Lewis Hamilton und sein Vater schlossen sich in Begleitung eines ehemaligen Geschäftsführers von Reebok an, der später sein Manager werden sollte.

Während des Abendessens suchte Pharrell nach etwas in seiner Hosentasche und zog plötzlich eine Diamantkette mit einem erstaunten Gesichtsausdruck heraus. Er war selbst überrascht, weil er vergessen hatte, wo er dieses Schmuckstück hingetan hatte.

Alle Augen 😳 starrten auf das Ding in Pharrells Hand, auch Lewis! Die Halskette war etwa 50 Zentimeter lang und bestand aus einzelnen gefassten Diamanten mit einem Minimum von jeweils 3 Karat, und garantiert mehr wert als ein Triganic Pu.

☆

Es war Sonntag, der 17. Juni und wir verließen das Hotel mit drei Escalades in einem Konvoi. Zugegeben, es fühlte sich ein bisschen besser an, als in einem goldenen Mercury zu fahren. Als wir an der Strecke ankamen, machten wir uns auf den Weg zum Paddock Club wo ein Tisch für Pharrell und sein Gefolge reserviert war. Er hatte die perfekte Lage, um den Start zu verfolgen und bot einen direkten Einblick in die Red Bull Box, so dass wir ihre Boxenstopps während des Rennens sehen konnten. Normalerweise müssen Paddock Club-Gäste sich ihr Essen vom Buffet holen, aber nicht der VSGBE-Tisch. Das ist der Einzige, der vom Paddock Club Personal bedient wird.

Wir kamen pünktlich zum Mittagessen an. Traditionell Sonntag ist Hummertag 😊 im Paddock Club. Aber Pharrell hatte andere Pläne, da er scheinbar kein Hummerfan war. Der Manager des Paddock Clubs, ein Österreicher, mit dem ich mich sehr gut verstand, war an diesem Tag für unseren Tisch verantwortlich. Pharrell erwähnte ihm gegenüber, dass er auf unserem Hinweg einen Stand mit Corndogs entdeckte hatte und ob es möglich wäre, diese statt des Hummers für das gesamte Gefolge zu besorgen. Ich sah den Manager fragend an und überlegte, wie viel alle diese Paddock Club Pässe gekostet hatten. Aber der Gast ist König, also schickten sie einige Kellner in den Fanbereich, um genug Corndogs zu holen, um den gesamten Tisch und den Rest des Paddock Clubs zu versorgen. Es war ein Mittagessen das alle total schräg fanden, für Gourmets gab es Hummer an Corndog. Danach nahm ich Pharrell mit runter in den Paddock. Die Vorbereitungen für das Rennen liefen auf Hochtouren, und alle Rennwagen verließen die Garagen für die sogenannte Out-Runde, bevor sie die Plätze in der Startaufstellung einnahmen. Wir machten uns auf den Weg zur McLaren Mercedes Garage und trafen uns mit Anthony Hamilton, Lewis Vater. FOM (Formula One Management) stimmte natürlich zu, ihm Zugang zum Grid zu gewähren und er liebte jede Sekunde dieser intensiven Zeit vor dem Start. Er traf auch Dr. Dieter Zetsche von Daimler direkt neben dem Pole Setter und seinem McLaren. Sie unterhielten sich kurz und fanden es wohl cool, sich kennengelernt zu haben.

Nachdem Rennstart setzten wir uns wieder an den Tisch oberhalb der Boxen. Das Rennergebnis fanden Pharrell und seine Leute super, sodass die Atmosphäre am Tisch sehr ausgelassen war. Pharrell wollte unbedingt bei der Podiumszeremonie in die Boxengasse dabei sein, also ging es wieder nach unten. Lewis Hamilton gewann das Rennen vor seinem Teamkollegen Fernando

Alonso. Was für ein Zufall, dass wir gerade am Abend zuvor mit ihm zu Abend gegessen hatten!

Wir blieben noch ein paar Stunden im Paddock und unterhielten uns mit verschiedenen Leuten und Pharrell sog alle Informationen auf wie ein Schwamm. Er war für die letzten zwei Tage sehr dankbar, die ihm Einblicke in die Funktionsweise der Formel 1 gegeben haben und dass er einige der Hauptprotagonisten dieses Sports getroffen hatte.

Es war in der Tat ein großartiges Wochenende und Pharrell und ich blieben in ständigem Kontakt um zu sehen, ob es die eine oder andere Gelegenheit einer Zusammenarbeit gab.

☆

Vor dem britischen Grand-Prix 2008 erklärte sich Pharrell bereit für Bernies Charity zugunsten des Great Ormond Street Hospital (GOSH) für Kinder in London aufzutreten, zu dem auch Hannah und ich eingeladen waren. Die Wohltätigkeitsveranstaltung fand in diesem Jahr im Art-Deco-Bloomsbury-Ballsaal aus den 1920er Jahren im Zentrum von London statt. Ich habe mich rechtzeitig an Pharrell gewandt und im Verlauf unseres SMS-Chats fragte er, ob wir ihn vor seinem Auftritt hinter der Bühne treffen wollten. Auf JEDEN FALL!

Es war weit über ein Jahr her, dass wir uns beim Grand Prix der USA gesehen hatten und es war ein wirklich herzliches Wiedersehen. Der Ballsaal war bereits voll mit Leuten, darunter etliche F1-Fahrer und Teamchefs sowie wohlhabende Londoner, und Familie Ecclestone. Pharrells Auftritt stand als nächstes an. Wir wühlten uns durch zum Backstage-Bereich wo Pharrells Assistent schon auf uns wartete. Pharrell versammelte sein gesamtes Team, einschließlich Management, Musiker und Tänzer, um einen Kreis zu bilden und sich an den Händen zu halten, um zu beten. Der Backstage-Bereich des Bloomsbury Ballsaals ist ziemlich klein, daher war die Situation sehr intim. Wir standen etwas

Abseits in der Nähe des Bühneneingangs, als er den Kreis öffnete und uns bat, am Gebet teilzunehmen. Ich war berührt! Ich bin nicht besonders religiös und ich bete nur zu Gott, wenn die 💩 am Dampfen war. Aber irgendwie konnte ich tatsächlich fühlen, wie die positive Energie auf jeden von uns wirkte.

Nach ein oder zwei Minuten war das Gebet vorbei und Pharrell und seine Crew gingen auf die Bühne, um für den guten Zweck aufzutreten. Sie lieferten eine brillante Show und konnten sogar das sehr steife Publikum dazu bringen, die Füße zu bewegen.

☆

Die Formel 1 würde ihn in den nächsten Jahren noch einige Male zu Gesicht bekommen, einschließlich riesiger Bühnenshows nach dem Rennen bei ausgewählten Grand Prix.

Als ich 2011 gerade auf dem Weg zum Grand Prix von Singapur war, erhielt ich eine E-Mail von einem meiner deutschen Geschäftspartner und Freunde. Ich saß am Flughafen von Dubai und wartete auf meinen Anschlussflug, als er mir mitteilte, dass Linkin Park die Hauptgruppe des Post-Race-Konzerts sein würde. Er erwähnte, dass ihr Manager ein guter Freund von ihm sei und dass sie etliche gemeinsame Geschäftsinteressen haben, da er eine Smartphone App für die Band entwickelte.

Er fragte mich, ob es möglich sei, dass ich die Band im Paddock herumführen und ihnen die Formel 1 hinter den Kulissen zeigen könnte. Ich antwortete ihm, dass das funktionieren sollte, und ich sie gerne herumführen würde, inklusive Einblicke in Garagen von Teams, mit denen ich gute Beziehungen hatte, und ihnen einige der „Hauptdarsteller" des Rennzirkus vorstellen könnte, wenn sie das wollen.

☆

Ich mag den Grand Prix von Singapur sehr. Es war das coolste Rennen neben dem Grand Prix von Monaco. Gefahren wird auf dem Marina Bay Street Circuit dem ersten Straßenkurs in Asien, der speziell für Formel-1-Rennen entwickelt wurde. Da in Singapur nie gekleckert, sondern nur geklotzt wird, war es auch das erste Nachtrennen in der Geschichte der Formel 1. Natürlich war man in Malaysia besorgt, dass der Grand Prix von Singapur zu einem mörderischen und kostspieligen Wettbewerb führen würde, da die Rennstrecke in Sepang nur 300 Kilometer entfernt war.

Fernando Alonso gewann 2008 die erste Ausgabe des Grand Prix unter Flutlicht und fuhr auch 2009 für das Renault-Team, als es zum berühmt-berüchtigten Crash-Gate kam: sein Teamkollege Nelson Piquet Jr. wurde vom Teammanagement absichtlich in die Leitplanken geschickt, um durch ein Safety-Car eine günstige Position für Fernando zu erzeugen.

Nach Untersuchungen wurde Renault wegen Verschwörung angeklagt und kurz darauf gab das Team bekannt, dass sowohl Flavio Briatore als auch Pat Symonds das Team verlassen hatten. Briatore wurde auf unbestimmte Zeit von allen Formel-1-Veranstaltungen ausgeschlossen, und Symonds erhielt eine fünfjährige Sperre. Ihre Verbote wurden später von einem französischen Gericht aufgehoben, obwohl beide zugesichert hatten, für eine bestimmte Zeit nicht in der Formel 1 zu arbeiten.

Aber nicht nur die Rennen waren in Singapur immer sehr aufregend, es war auch die gesamte Atmosphäre und vor allem die einzigartige Situation, dass die Formel-1-Community in der europäischen Zeitzone bleiben würde, um die nächtlichen Arbeitszeiten erfüllen zu können. Also schlief ich bis Mittag und machte mich dann langsam auf den Weg zum Frühstück. Ich hatte das Glück, im Mandarin Oriental zu übernachten, und hier gab es das phänomenalste Frühstücksbuffet aller Zeiten! Man konnte nicht nur zwischen den diversen kontinentalen und amerikanischen Stationen wählen – ich zähle das English Breakfast absichtlich nicht auf, weil Bohnen abscheulich aussehen und auch so schmecken - sondern es gab auch eine indische, eine chinesische und eine japanische Station. Jeden Tag hatte ich Mühe, das zu wählen, was ich wollte und meistens waren die Augen grösser als der Magen.

Danach ging ich direkt zum Pool, um noch ein paar Stunden zu schlafen und zwischendurch ein wenig im Wasser zu plantschen. Gegen 17 Uhr machte ich mich dann zum Fahrerlager auf, was nur ein kurzer Spaziergang vom Hotel war. Trotzdem ist die Luftfeuchtigkeit zu dieser Jahreszeit und besonders zu dieser Tageszeit extrem hoch. Wenn man im Paddock ankommt und in Eile war, sieht man aus wie gerade aus der Dusche gekommen – allerdings mit Klamotten!

Die meisten F1-Fahrer wohnten ebenfalls in Hotels in unmittelbarer Nähe des Fahrerlagers und konnten so zu Fuß zur Arbeit gehen. Das wussten auch viele Fans und „lauerten“ ihren

Idolen auf, um ein Autogramm zu bekommen oder ein Selfie zu machen - oder einfach ein T-Shirt oder eine Kappe signieren zu lassen.

Die Sonne ging gegen 19 Uhr unter, und wenn man Glück hatte, war dies der perfekte Zeitpunkt, um in der Hospitality eines Teams zu Mittag zu essen.

☆

Am Freitag kontaktierte mich der Manager von Linkin Park und sagte, dass die Band am Samstag und Sonntag an der Strecke sein würde. Der örtliche Veranstalter hatte sie an die Strecke eingeladen, da sie als Hauptband Teil des Unterhaltungsprogramms für alle Inhaber von Wochenendtickets waren, die das Konzert nach dem Rennen auf der Padang Hauptbühne kostenlos besuchen konnten. Natürlich war auch der PR-Gedanke mit im Spiel. In jedem Fall war ich erleichtert, da ich mich nicht darum kümmern musste, Pässe für sie zu organisieren. Wir waren uns einig, dass er sich mit mir in Verbindung setzen würde, sobald sie am Samstag an der Strecke ankommen, damit wir uns zu einer Fahrerlagertour treffen können. Es waren Chester Bennington und sein Manager, die die Treppen vom Paddock Club ins Fahrerlager herunterkamen, um mich zu treffen. Es war das allererste Mal, dass ich einen von ihnen traf, also lud ich sie in eine Team Hospitality auf einen Drink und etwas Smalltalk ein, um heraus zu finden was sie interessierte.

Nach diesem kleinen Gespräch durchquerten wir zuallererst das Fahrerlager, um das Ausmaß und die Anordnung der Teams zu sehen, denn die Anordnung der Teamhospitalities ist resultatabhängig, und gingen dann in die Garage von Lotus. Ich war mit ihrem Marketingmanager befreundet und er nahm sich die Zeit Chester die Garage zu erklären und wie ein modernes Formel-1-Lenkrad funktioniert. Auf dem Weg durch die Boxengasse trafen wir Kamui Kobayashi und unterhielten uns mit ihm, und Chester erwähnte, dass die Band sehr engagiert war mit ihrer Music for Relief-Wohltätigkeitsorganisation zugunsten der Erdbeben- und Tsunami-Hilfe in Japan.

Fünfzig Meter weiter trafen wir Vijay Mallya, für den ich hochkarätige Events organisierte, aber dies ist ein anderes Kapitel, auf das ich etwas später zurückkommen werde. Vijay hatte gerade ein Gespräch mit seinem Marketing-Mann, als wir vorbeischlenderten. Wir hatten die Idee, die Band für ein Konzert nach Indien zu bringen, und es wäre nur logisch, wenn eine der vielen Marken von Vijay der Hauptsponsor für ein solches Projekt wäre. Er wies seinen Marketingmanager an, dies zu prüfen. Leider kam es am Ende nie zustande. Es war eine Schande, denn die Idee war perfekt.

Die Tour war zu Ende, da Chester und die Band zu einem arrangierten Abendessen gehen mussten. Wir waren uns einig, uns am nächsten Tag wieder im Paddock zu treffen, um zu sehen, wo es am spannendsten ist, den Start des Rennens zu verfolgen.

☆

Es war Renntag in Singapur und das Fahrerlager war voller Menschen. Eine große Delegation von Regierungsleuten war gekommen und Bernie war intensiv damit beschäftigt, sie zu unterhalten.

Der Manager von Linkin Park kontaktierte mich, um einen Zeitpunkt und einen Ort für ein Treffen zu vereinbaren. Er fragte beiläufig, ob ich zwei Paddock-Pässe organisieren könne. Ich hoffte, ihn missverstanden zu haben und fragte nach den Pässen vom Vortag. Er erklärte mir, dass diese nur vom Veranstalter ausgeliehen waren und dass sie ihnen für Sonntag nicht zur Verfügung stünden. Ich sagte zu ihm, dass ich mich darum kümmern werde und dass er mir eine halbe Stunde Zeit geben sollte. Ich hatte keine Ahnung, warum ich das sagte, und noch weniger eine Idee, wie ich zwei Pässe aus dem Hut zaubern würde.

Okay, kein Stress - geh einfach in Bernies Büro und frage ihn. Was kann er sagen? Diese Band ist weltbekannt und sie sind die Hauptband des Konzerts, das in nur wenigen Stunden rund vierzigtausend Rennfans anziehen würde. Also ging ich hinein und erzählte ihm genau das. Außerdem habe ich betont, dass die Band zu diesem Zeitpunkt 43 Millionen Facebook-Fans hatte. Bernie sah mich an und fragte, von wem genau ich sprach.

Er sagte, wenn sie Gäste des örtlichen Veranstalters sind, sollen die sich verdammt nochmal um sie kümmern. Außerdem war er mit einigen Vertretern der Regierung von Singapur beschäftigt und hatte kein Interesse daran, diese Sache zu regeln. Okay ... Panik JETZT. Warum habe ich überhaupt zugestimmt, das zu klären? Zu spät, um jetzt einen Rückzieher zu machen – du schaffst das ... denk nach. Es waren nur noch 90 Minuten bis zum Rennstart!

Ich lief zu Red Bull Racing und fragte, zu Force India und zu Lotus - aber kein Glück - und keine Pässe! Nicht einmal einen.

Ich habe total vergessen, meinen sehr guten Freund bei Ferrari zu fragen.

Aus meiner Sicht ist das rote Team das schwierigste in der Formel 1. Was auch immer man fragt – die Antwort ist immer: Nein. Aber das war meine letzte Chance. Ich ging in ihre Hospitality, die mir immer das Gefühlt gab, dass sofort jemand auf dich zukommt, um zu fragen, was zum Teufel du da drinnen überhaupt willst. Italienische Gastfreundschaft? Fehlanzeige! Ich hielt Ausschau nach der Marketingabteilung und fragte nach meinem Kumpel, der zum Glück der Leiter des globalen Sponsorings war. Er freute sich sehr, mich zu sehen, da wir nicht viel Zeit miteinander verbringen können, da Ferrari seine Mitarbeiter an Rennwochenenden an der kurzen Leine hält. Wie Sklaven wäre wahrscheinlich die treffendste Beschreibung! Ich erklärte die Situation, und man konnte es kaum glauben, er hatte genau zwei Pässe zur Verfügung. Puh, eine riesige Last wurde von meinen Schultern genommen und außerdem sah ich aus wie ein nasser Pudel, nachdem ich von Team zu Team gelaufen war.

Ich rief den Manager von Linkin Park an und sagte ihm, dass ich alles organisiert habe und dass er sie vom Paddock Club runterschicken sollte. Diesmal war es Chester zusammen mit Mike Shinoda. Ich sagte ihnen, von wem ich die Pässe bekommen habe und dass wir jetzt in die Ferrari-Garage gehen sollten, um Danke zu sagen. Die Boxencrew traute ihren Augen nicht, dass Linkin Park gerade in ihre Garage hereinspaziert kam. Es war kurz vor Öffnung der Boxengase, und die Autos würden gleich die Garagen verlassen, und wir konnten aus kürzester Distanz sehen wie die beiden Ferraris davonfuhren. Sowohl Chester als auch Mike waren sehr aufgeregt, das mit Ferrari erleben zu können - was konnte Besseres passieren!

Obwohl es für diese kein besonders gutes Rennen war, da sie nur vierte wurden, hat es uns großen Spaß gemacht, bei ihnen Gast zu sein.

Während des Rennens führte ich sie zurück zum Paddock Club um ihre anderen Leute zu treffen, und kurz bevor wir uns verabschiedeten, dankte Chester mir überschwänglich, dass ich das alles so kurzfristig organisiert hatte. In dem Moment wollte ich mich nicht zurückerinnern, wie ein aufgescheuchtes Huhn im Fahrerlager herumgerannt zu sein, da der Schweiß mir immer noch über den Rücken lief. Er fragte mich, ob ich mit ihnen zu ihrem Konzert kommen möchte, aber ich müsste gleich nach dem Rennen mit ihnen zusammen gehen, um pünktlich auf der Bühne zu sein. Was für eine Frage - KLAR!

Ein paar Autos standen bereit, die Band vom Paddock Club zur Padang-Bühne zu bringen, aber es ging nur sehr langsam vorwärts, da alle Leute entweder die Strecke verließen oder selbst zum Konzert gingen. Als wir ankamen, spielte die Vorgruppe bereits und selbst Linkin Park hatte keine Zeit, sich umzuziehen. Sie traten in der gleichen Kleidung auf, die sie während des Rennens trugen. Ich fand einen guten Platz an der Seite des Backstage-Bereichs und wurde zu einem Gin Tonic eingeladen, den ich mir definitiv für diesen Tag verdient hatte. Der Veranstaltungsort war mit über 42.000 Fans voll und ihr Konzert war einfach atemberaubend. Normalerweise gehe ich nicht gerne zu Konzerten, da eines sicher ist: es steht immer jemand vor mir, der größer ist als ich. Aber Backstage ist in einer anderen Liga!

Nach dem Konzert fuhren sie mich zurück zu meinem Hotel und ich fragte Chester nach seinen Kontaktdaten. Er gab mir seine E-Mail-Adresse und wir blieben in Kontakt.

☆

Nur eine Woche später kontaktierte er mich und fragte, ob ich ihm das Foto mit ihm und Kamui schicken könne. Ich versuchte mich zu erinnern, wer das Bild geschossen hatte und schickte es ihm dann per E-Mail.

Sie hatten die Idee, Kamui zu fragen, ob einer der Jungs der Band für ihn ein spezielles Design für seinen Helm entwerfen und lackieren dürfe. Kamui sollte diesen Helm für ein Rennen tragen und danach würde er versteigert werden, für die Erdbeben- und Tsunami-Opfer in Japan. Bisher hatten sie bereits über 500.000 US-Dollar für Save The Children Japan gesammelt.

Ich habe mich an Sauber gewandt, wo Kamui zu dieser Zeit fuhr, und wir konnten diese Idee in die Realität umsetzen. Kamui trug diesen tollen Helm beim letzten Rennen der Saison 2011 in Brasilien.

Auch mit Chester blieb ich in Kontakt und wir kommunizierten gelegentlich per E-Mail. Er war so nett und lud mich und einige Freunde zu ihrem Auftritt während des „Rock am Ring“-Festivals in 2012 ein. Wir trafen uns erneut im Jahr 2016 beim deutschen F1-Grand-Prix in Hockenheim.

Möge Chester im Himmel, finden was er auf Erden nicht finden konnte.

MOTORSPORT IST GEFÄHRLICH

„Das Laster liegt nicht darin, ins Bordell zu gehen, sondern vielmehr nicht herauszukommen."

Die Formel 1 war einst der Tummelplatz schöner Mädchen. Damals, als die Fahrer noch Gentlemen-Fahrer waren, als der Sport eine Frage von Leben und Tod war und die Teams um magere Budgets rivalisierten, um beim nächsten Rennen überhaupt antreten zu können. Die Fahrer strahlten Heldentum aus und die schönen Mädchen bewunderten sie dafür.

Ich hatte das Glück in den Sport eingestiegen zu sein, bevor die Spießigkeit der Corporate Identity von Blue-Chip-Unternehmen das Paddock von Mädchen „säuberte". Meine Kunden beauftragten mich natürlich nicht nur Models und Werbeikonen zu engagieren, um die Sexiness ihrer Produkte zu unterstreichen, sondern auch dafür zu sorgen, dass alle Veranstaltungen das richtige Verhältnis von männlichen und weiblichen Gästen hatten.

Diese Zeiten sind vorbei. Heute fragen die meisten Gäste, die ich zu den Rennen mitbringe, irritiert, wo denn all diese Pit-Babes sind über die immer gesprochen wurde. Alles was sie im Paddock sehen sind Mechaniker in Teamkleidung und Horden schlecht gekleideter Journalisten und Fotografen. Meine Antwort ist banal – und traurig zugleich: aufgrund der Einschränkungen bei Paddock-Pässen sind Teams gezwungen sich zu entscheiden, ob sie eine Hand voll Models oder ihre wertvollen Geschäftspartner und Kunden einladen, um die Kapitalrendite des Sponsorships zu maximieren. Nun, die Lösung ist offensichtlich und buchstäblich hat jeder, der im Sport arbeitet, einen Vorgesetzten, dem er Bericht erstatten muss, und dieser Vorgesetzte hat auch einen - und der letzte in dieser Reihe hat Aktionäre, die Ergebnisse sehen wollen. Also besser nach den Richtlinien spielen!

☆

Zurück zu den guten alten Zeiten, zumindest in meiner Erinnerung. Es war irgendwann in 2006 oder 2007, als einer meiner Kunden beschloss, eine große Party beim brasilianischen Rennen auszurichten, das zu dieser Zeit das letzte Rennen der Saison war, bevor die Abu Dhabis sich dieses Privileg mit viel Geld erkauften. Mir wurde aufgetragen, das gesamte Eventmanagement zu überwachen und ich wurde mit einem beträchtlichen Budget ausgestattet, um es zu einer unvergesslichen Nacht zu machen. Ich fing an, mich nach einem geeigneten Veranstaltungsort umzusehen, und fand das sehr elegante Hotel Unique in São Paulo, dass erst einige Jahre zuvor eröffnet worden war. Wir wählten ihren größten Veranstaltungsraum für die Sonntagabendparty und beauftragten eine Eventproduktionsfirma, alles für einen hinreißenden Abend aufzufahren. Ich habe meine ganze Routine eingebracht, um sicherzustellen, dass wir die richtigen DJs, genug Drinks und eine großartige Atmosphäre hatten. Für cooles Brasil-Flair habe ich mich mit einigen lokalen Veranstaltern in Verbindung gesetzt, um die hippsten Party-People von São Paulo einzuladen, aber der Wunsch des Kunden war es, daraus eine Party für die Paddock-Leute zu machen.

Bei einer der letzten Besprechungen vor der Veranstaltung, ich glaube es war später Freitagabend, habe ich eingewandt, dass es ein erhebliches Ungleichgewicht der Anzahl der Männer, die vom Paddock eingeladen wurden, und weiblichen Gästen geben würde, wenn wir nicht hier und jetzt dagegen steuern würden. Mein Kunde sah mich an und verstand sofort, dass wir etwas unternehmen müssen. Ja, er bestand darauf, eine geeignete Lösung für dieses Missverhältnis zu finden.

Da wir ein sehr großzügiges Eventbudget berücksichtigt hatten, wurde die Entscheidung getroffen, einen Ort in São Paulo zu finden, an dem es nicht so sehr um Überzeugungsarbeit ging, sondern um bare Münze, um eine gute Auswahl an Mädchen für die Party am Sonntagabend zu engagieren. Wir recherchierten und gingen sofort zum besten Etablissement der Stadt. Das Glück war auf unserer Seite, denn dieses Etablissement war sonntags geschlossen, was unsere Verhandlungen erheblich erleichterte und eine Win-Win-Situation für beide Parteien darstellte. STRIKE!

☆

Die Party am Sonntag begann damit, dass unzählige Mädchen vor allen anderen Gästen ankamen. Die Paddock-Leute waren immer noch damit beschäftigt sich in ihren Hotels auf den Abend vorzubereiten, nachdem sie ihre Arbeit auf der Strecke beendet hatten.

Gegen Mitternacht trudelten die Gäste ein und trauten ihren Augen nicht. Waren sie im Mädchenschlaraffenland? Woher kamen all diese schönen jungen Frauen die gleichzeitig so aufgeschlossen und glücklich zu sein schienen, sich unter die ausländische Menge zu mischen?

Die Party war absolut vibrierend und die Gäste waren zweifellos angetan von der Großzügigkeit ihres Gastgebers, offene Bars zu spendieren. Quasi komatrinken zu Nulltarif.

Einzig der leitende Angestellte meines Kunden und seine Freundin waren für diesen Abend ins Hotel Unique umgezogen. Im Laufe des Abends lernte einer seiner Mitarbeiter ein Mädchen kennen, das er auf sein Zimmer einlud – aber: er hatte dort keines. Also wandte er sich an seinen Chef und fragte, ob er dessen Suite für eine Stunde ‚ausleihen' könne … oder ein bisschen länger. Für den Chef war das okay, da der Abend noch jung war und er beabsichtigte, die Party nicht zu verlassen, solange er noch Gäste zu unterhalten hatte, und gab ihm die Schlüsselkarte zu seiner Suite. Das Einzige was er vergessen hatte war, seiner Freundin mitzuteilen, dass er das Zimmer an einen seiner Mitarbeiter verliehen hatte. Als sie nach oben gehen wollte, um ihr Make-up aufzufrischen, fand sie ein nacktes Mädchen auf ihrem Bett, während sie nicht bemerkte, dass der Mitarbeiter im Badezimmer war. Da sie sich in einem angetrunkenen Zustand befand und dies São Paulo war, eine der gefährlichsten Städte der Welt und nicht Pusemuckel, entschied sie sich, den Eindringling zu überwältigen. Sie biss dem nackten Mädchen in den Fuß. Blut spritzte in alle Richtungen und das Gerangel wurde von hysterischem Geschrei begleitet. Der Mitarbeiter, auch nackt, sprang aus der Toilette, um die beiden Furien zu trennen.

Die Freundin des Chefs erkannte schnell, dass sie sich in eine absurde Situation manövriert hatte, und erwartungsgemäß rief man mich an, um in diesem Durcheinander zu vermitteln: 🛎️ „Ich bin Mr. Ramos, ich löse Probleme! Darf ich reinkommen?“ Das nackte Mädchen tobte und rannte mit ihrem blutenden Fuß im Raum herum, sehr zum Schaden des modernistischen Interieurs der Suite. Es dauerte eine Weile, bis sich die hysterischen Damen beruhigten und es den drei Beteiligten klar wurde, dass es jetzt nicht hilfreich ist, einen Sündenbock auszumachen. In erster Linie mussten wir das verwundete Mädchen loswerden, und dazu war es am einfachsten, neu zu verhandeln und eine angemessene Entschädigung für ihren Abgang anzubieten. Nach einigem Hin und Her stimmte sie zu und wir konnten sie mit einem Chauffeur in eine nahe gelegene Klinik abschieben.

Glücklicherweise bemerkte der Chef des Mannes nichts von alledem, da er damit beschäftigt war, die Party zu genießen, für die seine Firma schließlich bezahlt hatte. Er hätte es bestimmt nicht goutiert, dass seine schöne Suite umdekoriert wurde um die Kampfspuren zu beseitigen. Das Hotel leistete gute Arbeit, seine Sachen in Windeseile in eine andere Suite zu schaffen, allerdings für einen Preis: dieser Service wurde natürlich auf die Hauptrechnung geschlagen. Ich glaube mich zu erinnern, dass wir alles mit einem trivialen Rohrbruch vertuscht haben. Erst ein paar Tage später erzählte ihm seine Freundin von den tatsächlichen Ereignissen und er schrieb mir eine Nachricht, dass er von dem hervorragenden „Event Management“ meinerseits sehr beeindruckt war. 😁

Die Party war eine unvergessliche Nacht, aber auch eine über deren blutigen Nebenschauplatz der Schleier des Stillschweigens gehängt wurde. Zum Glück hatten alle anderen Dramen außerhalb meines Einwirkungsbereichs stattgefunden.

Nach dem GP von Australien im Jahr 2010 beschlossen eine Gruppe von Freunden und ich, ein privates Abendessen in einem beliebten japanischen Restaurant im Crown-Komplex zu organisieren, bevor wir das Nachtleben von Melbourne an einem Sonntagabend erkunden wollten. Adrian Sutil fragte, ob er sich mit seinem Manager anschließen könne und ob es in Ordnung sei, Lewis Hamilton mitzubringen. Adrian und Lewis waren damals Freunde und hatten auch andere Freunde gemeinsam. Adrian ist bei dem Rennen mit seinem Force India ausgefallen und Lewis wurde Sechster im McLaren.

Wir wurden einem der privaten Räume des Restaurants zugewiesen, nicht nur wegen der beiden F1-Fahrer, sondern auch, weil unsere Gruppe ungefähr acht oder neun Personen stark war und wir wussten, dass unsere übliche gute Laune beim Abendessen am Sonntagabend manchmal zu viel für andere Gäste sein konnte. Wir bestellten einige Aperitifs, bevor wir uns die Speisekarte anschauten, und bestellten zu den Vorspeisen auch Wein und Sake, den Adrian seit seiner Zeit in Japan während seiner Juniorenserie sehr mochte, bevor er zur F1 kam. Als die Hauptgerichte serviert wurden, war unsere Gruppe in einer großartigen Stimmung, und das Lachen und die Lautstärke der Gespräche waren bereits enorm hoch.

Da Rennfahrer in allem, was sie tun, konkurrierend zu sein scheinen und es sich anscheinend um einen Running-Gag zwischen Lewis und Adrian handelte, sich in Albernheit zu übertreffen, begannen sie eine Wette am Tisch und fragten, wer die Wasabi-Portion, die normalerweise Teil eines japanischen Gerichts ist, durch die Nase zu ziehen. Die Belohnung begann bei 100 US-Dollar und wurde schnell auf 1.000 US-Dollar überboten, als Adrian sich dazu bereit erklärte. All dies erinnerte mich sehr an die Spiele, die man in der Grundschule mit seinen besten Freunden spielte, nur ohne Geld. Aber sobald jemand dran war, war es keinen Spaß mehr, da die Tat dann ohne Widerrede ausgeführt werden musste. Natürlich würde die Belohnung von allen anderen

Anwesenden geteilt werden, so würde jeder sicherstellen, dass die Aufgabe auch erfüllt wurde, damit sich diese Investition auch lohnte.

Adrian fing an, das Wasabi in seine Nase zu drücken, und merkte sehr bald, dass die Schärfe deutlich stärker war, als ihn einfach zusammen mit etwas Sushi zu essen. Aber es gab keine Gnade um diesen Esstisch, und wir alle forderten, dass er die ganze Portion durchzieht. Wir alle hatten vor Lachen Tränen in den Augen, nur Adrian nicht. Seine Tränen kamen einzig und allein vom Wasabi, der sich durch seine Nase arbeitete. Das Weiß seiner Augen wurde knallrot und Tränen sprossen auf den Tisch, während wir alle vor Lachen nach Luft schnappen mussten. Diese paar Minuten müssen ihm wie eine halbe Ewigkeit vorgekommen sein, und er fing an zu jammern, dass er seinen Flug verpassen würde, wegen dieser Idiotie. Motorsport ist also doch gefährlich!

Adrian musste nach dem Abendessen zum Flughafen eilen und beim nächsten GP in Kuala Lumpur war Zahltag für uns alle und wir übergaben unseren Anteil an der Belohnung in bar.

DER KAPITÄN GEHT MIT DEM SCHIFF UNTER

„Aus dem richtigen Stoff kann man Legenden erschaffen."

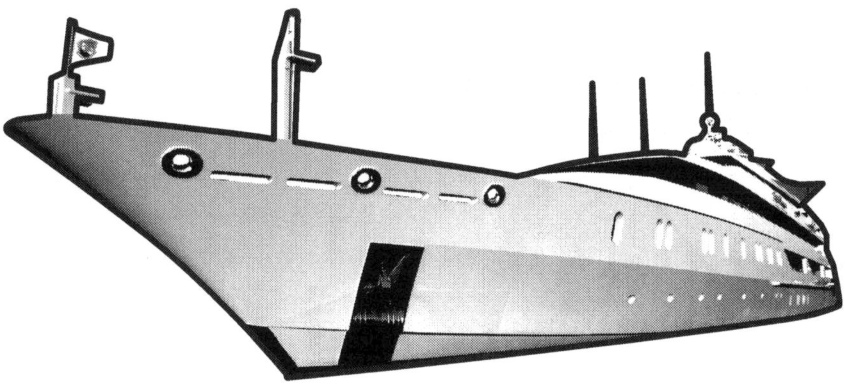

Anfang 2007 stellte Bernie Hannah und mich Dr. Vijay Vittal Mallya vor. Bernie erklärte uns, dass Vijay mehr Sichtbarkeit für sich und seine Brands wünsche und sich mit extravaganten Events seinem Spitznamen „King of good Times“ auch außerhalb von Indien verdienen wollte. Er hatte sich diesen aufgrund seines exaltierten Lebensstils in Indien „erarbeitet“ und war der sichtbarste Markenbotschafter seines berühmten Kingfisher-Bieres. Nach dem Tod seines Vaters wurde er 1983 im Alter von 28 Jahren Vorsitzender der United Breweries Group. Seitdem hat sich die Gruppe zu einem multinationalen Konglomerat von über 60 Unternehmen entwickelt, darunter Kingfisher Airlines. Der Umsatz lag bei rund 11 Milliarden US-Dollar. Das Kingfisher-Bier von United Breweries hat in Indien einen Marktanteil von mehr als 50%. Es ist in 52 Ländern erhältlich und hat von allen indischen Bieren auf dem internationalen Markt den größten Anteil.

Es war also offensichtlich, dass dieser Typ ziemlich geschäftsorientiert ist und möglicherweise „etwas“ Taschengeld in der Formel 1 ausgeben konnte, um sich international bekannt zu machen und den Rest der Welt wissen zu lassen, was seine Unternehmen so machen. Ich persönlich kannte ihn bis zu diesem Zeitpunkt nicht und auch keine seiner Firmen, obwohl er bereits mit seinem Airline-Geschäft „Fly Kingfisher“ Sponsor des Formel-1-Teams von Toyota war. Bernie und Vijay schienen sich schon seit vielen Jahren zu kennen, und er sagte uns, dass Vijay sogar plane ein Formel-1-Team zu kaufen, um das erste indische Team in der Königsklasse des Motorsports an den Start zu bringen.

Erster Punkt auf der Agenda war, die Medien und die Formel-1-Gemeinschaft auf seine Existenz aufmerksam zu machen. Wir erstellten ein Factsheet, mit dem wir definierten, wer er ist und was wir erreichen wollen. In vielen Gesprächen wurde uns klarer, wie er arbeitet und wie er sich selbst wahrnimmt. Natürlich haben wir uns auch die Vorzüge der Marken, die er kommunizieren wollte, und seine persönlichen „Werkzeuge“ genauer angesehen.

Was wir fanden, war umwerfend und einfach perfekt, um selbst in der Umgebung der Formel 1 mit ihren Millionären und Milliardären einen SEHR großen Fußabdruck zu hinterlassen.

Da war zum Beispiel die M/Y Indian Empress, eine 95m lange Superyacht, die 2007 zu den Top 10 der größten privaten Yachten der Welt gehörte. Mein erster Gedanke war: das ist der OBER-perfekte Ort für die ultimative F1-Party 🤩.

Für seine internationalen Geschäfts- und Vergnügungsreisen würde er einen Airbus A319-Firmenjet verwenden. Diese Art von Privatjet lässt andere „normale“ PJs wie Spielzeuge aussehen. Ich hatte viele Ideen[1] auch für dieses Spielzeug.

Nachdem wir einen Überblick über das hatten, was vor uns lag, mussten wir uns an die Arbeit machen, um Wunder zu bewirken. Es gab sooo viele Möglichkeiten.

☆

Wir schlugen vor, die Yacht zum türkischen Grand Prix nach Istanbul zu bringen. Das Ziel musste sein, alle Formel 1 Big-Shots, etliche Fahrer, die High Society von Istanbul sowie bekannte Nachtschwärmer und Meinungsmacher an einem Abend an Bord der Indian Empress zusammenzubringen - und all das vor den Augen der internationalen Medien. Wir schafften es, die Yacht im Bosporus direkt vor dem schönsten Hotel Istanbuls, dem Çırağan Palace Kempinski, zu verankern. Die Hotelleitung hatte uns gewarnt, dass es unmöglich sei, die Erlaubnis zum Festmachen an dieser Stelle zu erhalten - aber wir konnten kein Nein akzeptieren, denn es hätte den ganzen Plan ruiniert. Wir mussten es schaffen. Einige Umwege führten dann zum Ziel. Alles ist möglich in Istanbul, wenn Sie nur... nett zu Menschen sind!

---

[1] unluckyclown.tiny.us/Melbourne

Für die Wartezeit auf den nächsten freien Platz im Beiboot für die Überfahrt zur Indian Empress wurde im Kempinski ein stylischer Begrüßungsbereich eingerichtet, denn an diesem Abend musste alles vom Feinsten sein! Jeder, der in der Formel 1 etwas war, war unserer Einladung gefolgt: Bernie, Flavio, Niki Lauda, Norbert Haug, die Red Bull Fahrer, Bo Derek, Alex Shnaider, die Toyota-Piloten – und sogar Sebastian Vettel, den Peter Sauber im Schlepptau hatte.

Auch die niederländischen Besitzer des Spyker Formel-1-Teams, einschließlich ihres Teamchefs, waren da - und meines Wissens war dies die Nacht, in der die Verhandlungen über einen Buyout durch Vijay begannen, das dann zur Gründung seines indischen Formel-1-Teams Force India führten.

Die Party war ein gigantischer Erfolg! Die Medien hatten eine Top Story und einen Bauch voller Leckerbissen, denn es scheint in der indischen Kultur obligatorisch zu sein, dass wenn sie jemanden zu sich einladen, sie ihn auch bewirten müssen. In der Formel 1 gibt es kaum etwas Besseres als eine kostenlose Mahlzeit – da nehmen sich die Alpha Tiere und die Medien nichts. Und für Medienvertreter gilt der wohl global gültige Grundsatz: wer mich bewirtet, über den schreibe ich nicht schlecht! Diese Istanbul-Nacht war das Fundament für alle weiteren Veranstaltungen.

☆

Beim Großen Preis von Italien im September 2007 schienen die Verhandlungen zum Kauf des Spyker F1-Teams abgeschlossen zu sein, und wir mussten sicherstellen, dass die wichtigsten TV-Sender die Story zuerst bekamen. Deshalb war Bernies Angebot seinen berühmt-berüchtigten Bus für diese ausgewählten Interviews zur Verfügung zu stellen perfekt. Normalerweise ist sein Bus tabu für Filmaufnahmen, aber für Vijay machte er eine Ausnahme – sicherlich auch getrieben von purem Pragmatismus: ein indisches F1-Team am Start beim ersten indischen Grand Prix

2008 - das würde helfen den riesigen Markt auf dem Subkontinent für die Formel 1 zu erschließen.

Nach der Party in Istanbul und auch jetzt, da Vijay der exotische Teambesitzer war, wollten die Leute alles über den neuen High-Roller der F1 wissen. Ich bekam im Minutentakt Anfragen, und wo es Sinn ergab, führte ich die Personen in meiner wundervollen Safari-Uniform zu Vijay.

Kingfisher erfand die „Speed Divas", eine Handvoll wunderschöner indischer Models, die zu ausgewählten Rennen kamen, um der Bedeutung des Spitznamens „King of good Times" Nachdruck zu verleihen. Es war auch eine meiner Aufgaben, sie bei den Medien und VIP-Gästen effektiv in Szene zu setzen - ein hartes Leben! Ein paar hübsche Mädchen waren ein altbewährtes Mittel, um Aufmerksamkeit im männerdominierten Fahrerlager zu gewinnen.

Seit der massiven Beteiligung von Blue-Chip-Unternehmen als Teamsponsoren war die Präsenz der Pit-Babes dramatisch zurückgegangen. An manchen Tagen wirkte das Fahrerlager wie eine Würstchenparty - sehr traurig. Aber von nun an würde sich all dies ändern 👏!

Airbus A319 - 133 CJ; Anschaffungspreis ca. €90mio für ca. 20+ Passagiere und einer Reichweite von etwa 7.500km

Das Projekt „Force India Formula One Team“ war in vollem Gange und den Rest des Jahres nahm die Kommunikation sprunghaft zu. Trotzdem musste das Team aufgrund der FiA-Sportbestimmungen nach wie vor als Spyker antreten, obwohl es bereits den Besitzer gewechselt hatte, denn die Statuten besagen, dass weder Name noch Lackierung während der laufenden Saison geändert werden können.

Zu diesem Zeitpunkt war meine Mutter Hannah bereits für alle exklusiven Interviews auf der offiziellen Webseite der Formel 1 verantwortlich. Sie kannte daher die wichtigsten Journalisten des Rennzirkus, was sehr praktisch war für die Arbeit, die Vijay von uns erwartete.

Hannah und ich arbeiten seit meinem Einstieg in die Formel 1 zusammen. Sie war eine der besten und gewissenhaftesten Journalistinnen, die ich kenne - und das sage ich nicht nur, weil wir verwandt sind. Sie war in der Lage, kreative Wege zu finden, um ihre Interviews so zu gestalten, dass der Interviewte nicht das Gefühl hatte, dieselbe Frage bereits tausendmal beantwortet zu haben. Sie würde auch in der Lage sein, Menschen mit Ideen zu füttern und sie glauben zu machen, dass es ihre eigenen waren.

Unser Arbeitsaufwand für Vijay und sein Team wurde immer größer. Deshalb waren wir Anfang Dezember 2007 auf einem Motorsport-Symposium in Monaco und haben uns dort mit Vijay getroffen. Zur gleichen Zeit fanden die Testfahrten in Jerez de la Frontera statt und das neue Team präsentierte sich in neuer Lackierung und unter seinem neuen Namen.

Um von Monaco nach Jerez zu gelangen lud uns Vijay ein mit ihm in seinem A319 mit der Hecknummer VT-VJM mitzufliegen. Ich war zwar schon öfter in PJs, aber ein Airbus ist etwas ganz anderes. Schon die Größe ist einschüchternd! Wenn man mit einer regulären Linienmaschine fliegt nimmt man die tatsächliche Größe dieses Flugzeugs überhaupt nicht wahr. Als ich in Vijays Jet trat, traf es mich wie ein Blitz. Vorne gab es ein paar große Sitze, dann auf der linken Seite eine Bar und direkt dahinter einen großen runden Tisch mit fünf Sesseln. Der Raum dahinter war ein Büro und im Heck ein Schlafzimmer samt Badezimmer. Man könnte sicherlich über die Farbenauswahl und Materialien streiten - aber hey, dann verdien dir mal deinen eigenen verdammten Firmenjet!

Der Testtag in Jerez war in Ordnung. Das Auto leistungsmäßig wahrscheinlich nicht dort, wo das Team es erwartet hatte - aber es war noch zu früh, um ein wirkliches Urteil zu fällen. Am Abend flogen wir zurück nach Monaco und diskutierten unterwegs weitere Schritte in Bezug auf die Medien- und Eventplanung für die kommende Saison 2008.

Seit der Party in Istanbul auf der Indian Empress ging mir der Gedanke nicht mehr aus dem Kopf eine ikonische Party im Port Hercule in Monaco zu organisieren. Idealerweise sollten es zwei sein, eine, um das F1-Wochenende am Donnerstag zu eröffnen und eine um es am Sonntag nach dem Rennen wieder zu beenden. Vijay mochte die Idee sofort und er fing an, meine Art und Weise zu denken zu schätzen, wie auch den Medienaspekt, den Hannah vorschlug.

Es musste ein intelligenter Ansatz sein, der seine Persönlichkeit reflektierte und seinen Spitznamen auch in der F1 rechtfertigte. Aber mit einem ernsthaften Hintergrund! Es musste klar sein, dass sein Aufstieg vom Sponsor zum Teambesitzer nicht aus Jux und Tollerei geschah, oder um sinnlos Geld in diesem Sport zu verbrennen ohne einen ernsthaften Willen erfolgreich zu sein und mit seinen Produkten ein globales Publikum zu erreichen.

Zu diesem Zweck und für die Dienstleistungen, die wir erbringen sollten, wurden wir von seiner Marketingabteilung gebeten einen Vertrag[2] vorzubereiten, damit eines der Unternehmen von Vijay die Abwicklung aller fälligen Zahlungen übernehmen konnte. In unserem Fall handelte es sich um Kingfisher Airlines. Unsere Hauptaufgaben umfassten:

---

[2] unluckyclown.tiny.us/contract

§ 3 Aufgaben von Frau Gude und Herrn Ramos, Verfügbarkeit

3.1 Frau Gude und Herr Ramos beraten und unterstützen Dr. Vijay Mallya in Medien- und Kommunikationsfragen, insbesondere im Zusammenhang mit der beabsichtigten Beteiligung des Unternehmens/Teams an der Formel-1-Meisterschaft und allen damit verbundenen Angelegenheiten. Es ist die Aufgabe von Frau Gude und Herrn Ramos, das bestmögliche Erscheinungsbild und Image von Dr. Vijay Mallya in allen Medien (gedruckte Presse, Radio, Fernsehen, Online-Presse usw.) sicherzustellen.

3.2 Die Dienstleistungen von Frau Gude und Herrn Ramos umfassen unter anderem die folgenden Elemente:

(a) Strategische Beratung:

- PR-Ziele und Strategie
- Ziele
- Themen und zu kommunizierende Geschichten
- Durchzuführende Maßnahmen
- Planung
- Kreative Definition des Kommunikationsinhalts und der Kommunikationsform.

(b) Persönliche Beratung in Bezug auf Interviewtechniken, Verhalten gegenüber Medienvertretern usw.

(c) Laufende Presseaktivitäten:

- Aufbau der Medienliste und kontinuierliche Aktualisierung
- Planung, Vorbereitung und Durchführung von Medienauftritten, Presseinterviews und Pressekonferenzen
- Identifizierung von Auftrittsmöglichkeiten, Ausstellungen und Konferenzen
- Ermittlung von Möglichkeiten für Pressepartnerschaften
- Verfolgung der relevanten Berichterstattung in der Presse
- Regelmäßige quantitative und qualitative Bewertung der Berichterstattung in der Presse (viermal pro Jahr) auf der Grundlage von Presseausschnitten (gedruckte Presse, Radio, Fernsehen, Online usw.).

(d) Konzeption und Organisation von Presseveranstaltungen

(e) Fehlerbehebung

(f) Lobbying Aktivität in den entscheidenden Kreisen und Bereichen der Formel 1.

3.3 Frau Gude und Herr Ramos erbringen ihre Leistungen im Rahmen dieser Vereinbarung gemäß einem zu vereinbarenden Zeitplan. Es ist wichtig, dass Frau Gude und Herr Ramos kurzfristig verfügbar sind. Es wird daher vereinbart, dass Frau Gude und Herr Ramos mit einem Vorlauf von 96 Stunden zur Erbringung ihrer Dienstleistungen zur Verfügung stehen.

3.4 Frau Gude und Herr Ramos erfüllen ihre Aufgaben gemäß den Bestimmungen dieser Vereinbarung und erbringen Dienstleistungen auf kompetente, effiziente und professionelle Weise.

§ 4 Besondere Aufgaben

4.1 Besondere Aufgaben, nämlich gesellschaftliche Veranstaltungen im Zusammenhang mit der Person von Dr. Vijay Mallya und dem Team bei ausgewählten Rennen. Dies umfasst die Planung, die Gäste- und Medieneinladungen sowie die Verbreitung von Informationen.

Zu diesem Zweck trafen wir uns beim Mittagessen im Restaurant unseres Hotels mit Vijay und seinem Marketingleiter von Kingfisher Airlines. Es waren umgehend Sympathien von beiden Seiten da. Sowohl Vijay als auch sein Marketingmensch waren total fokussiert und wollten die Dinge schnell und professionell erledigt haben. Wir waren uns sofort handelseinig und konnten mit unserer Arbeit beginnen. Es gab in der Tat sehr viel zu tun: das Team war völlig unbekannt und über die genauen Ziele konnte nur spekuliert werden. Es begann mit einem weißen Blatt Papier! Das war großartig!

Nach der Ankündigung im Januar 2008 in Mumbai, dass ein indisches Team die Formel 1 Weltmeisterschaft in dieser Saison mit Giancarlo Fisichella und Adrian Sutil als Fahrer, und Vitantonio Liuzzi als Reservefahrer bestreiten würde, sollten wir zusammen mit dem in Indien ansässigen Marketing-Team von Kingfisher den Car-Launch organisieren. Er sollte einen Monat später am berühmten Gateway of India in Mumbai stattfinden.

In der ersten Februarwoche machten wir uns also wieder auf den Weg nach Mumbai und checkten in das legendäre Taj Mahal Palace Hotel ein, das auch ein perfekter Ort war, um Interviews mit Vijay, dem Management des Teams und der Fahrerpaarung zu führen. Das Hotel befindet sich direkt neben dem Gateway of India, was ein perfektes Szenarium für eine reibungslose Präsentation mit sehr kurzer Logistik versprach.

Wir machten eine Ortsbegehung, und ich fiel aus allen Wolken: Das Gateway und die unmittelbare Umgebung waren eine totale Baustelle! Ich spreche nicht über Arbeiten für unsere Veranstaltung, sondern davon, dass der Vorplatz und der Gehweg von der Stadtverwaltung instandgesetzt wurden, um dieses Wahrzeichen wieder für Bürger und Touristen zugänglich zu machen. Das roch nach Supergau und hatte nichts mit unseren Plänen zu tun, Indiens erstes Formel-1-Team vorzustellen. LMAA!

Wir hatten die wichtigsten TV-Sender der Formel 1 eingeladen, und Kingfisher war sogar bereit, die Reise- und Unterbringungskosten dafür zu übernehmen. Ein indisches Formel 1 Team - das war nicht nur für Indien eine Top Meldung, sondern auch für den Rest der Welt. Indien war nun endlich in der Mittelschicht angekommen!

Auch die M/Y Indian Empress kam aus Europa nach Mumbai - mit einer Tankrechnung von schätzungsweise 500.000 US-Dollar für eine Strecke. Geld ist König und Vijay war schließlich der „König der guten Zeiten“ - also lasst uns die Party beginnen. Und das haben wir getan.

Meine größte Sorge war immer noch die verdammte Baustelle am Ort der Präsentation. Ich habe die Leute bestürmt, etwas zu unternehmen, aber das gesamte indische Marketing-Team schien absolut entspannt zu sein. Ich sagte ihnen, dass wir uns für alle Fälle einen Plan-B zurechtlegen müssen. Mein Hotelzimmer schaute direkt auf das Gateway, und als ich ins Bett ging, sah es immer noch so aus, als hätte jemand beschlossen, direkt um das Denkmal herum nach einem Schatz zu graben - und der große Tag war bereits morgen!

Erstaunlicher Weise habe ich gut geschlafen - vielleicht waren es auch die vielen Gin Tonics - und als ich am Morgen die Vorhänge öffnete traute ich meinen Augen nicht. Der gesamte Platz war aufgeräumt und ein riesiger roter Teppich ausgerollt und mit Stühlen bestückt. Ich musste mir ins Gesicht schlagen und rannte zum Gateway, um mich persönlich zu überzeugen. Eine Armee von Arbeitern hatte geschafft, was in der westlichen Welt unmöglich gewesen wäre. Ich war beeindruckt. Nichts konnte mehr schief gehen, puh. Natürlich waren noch viele organisatorische Dinge zu erledigen und bis zur großen Präsentation am Abend mussten unzählige Interviews koordiniert werden.

Der große Moment rückte immer näher. Für die internationalen Fernsehsender hatten wir Satelliten-Feeds reserviert, damit sie die Team Präsentation in ihren Abendnachrichten live übertragen konnten.

Die berühmtesten Bollywood-Schauspielerinnen waren geladen und saßen im Publikum, um den nötigen Glamour in die Show zu bringen. Wir hatten die Ehre, die Schwestern Shamita und Shilpa Shetty, Sameera Reddy und Lara Dutta begrüßen zu dürfen. Für den durchschnittlichen westlichen F1-Fan klingen all diese Namen wahrscheinlich absolut unbekannt. Mir ging es damals genauso, aber die in Mumbai ansässige indische Filmindustrie steht in nichts der Heimat des nordamerikanischen Films in Hollywood nach. Mit jährlich rund 1.500 Spielfilmen ist Bollywood der größte

Filmproduzent der Welt und spielt über ein Drittel des indischen Netto-Kassenumsatzes ein. Diese Schönheiten waren also richtige Filmdiven und das indische Publikum harrt oft Stunden aus, um einen Blick auf sie zu erhaschen.

Alle und alles waren bereit, damit die Präsentation beginnen konnte - nur Vijay fehlte. Er war immer noch auf der Indian Empress und bereitete sich vor - oder was auch immer er machte. Die Yacht schwamm direkt vor dem kleinen Hafen neben dem Gateway of India. Wir konnten es vom Backstage-Bereich der Team Präsentation aus sehen, aber kein Tender bewegte sich Richtung Ufer. Wir haben versucht, ihn zu erreichen und sogar den Kapitän der Yacht kontaktiert - nichts. Die Fernsehsender wurden unruhig, da die Satelliten-Feed-Fenster präzise getaktet waren - und obendrein auch verdammt teuer. Mindestens eine halbe Stunde lang passierte nichts. Gefühlt waren es Stunden.

Schließlich machte sich Vijay auf den Weg und unsere Handys glühten, um den Sendern diese Verzögerung zu erklären und sie zu bitten andere Beiträge vorzuziehen. Wir mussten den Beginn verschieben, was die geladenen Gäste unruhig machte und die Marketingabteilung von Kingfisher musste im Minutentakt Kostenübernahmegarantien für die Satelliten-Feeds unterzeichnen. Aber in diesem Fall war Vijay der Star der Show und erwartete, dass jeder warten würde, bis er sich entschied, zu erscheinen.

Die Präsentation selbst verlief dann wie geplant sobald Vijay auftauchte. Die Medien, insbesondere die indischen Medien schmissen ihre Spots an sobald die Bollywood Größen, die im Salon des Hotels gewartet hatten, zu ihrem Auftritt stolzierten. Nachdem alles über die Bühne gegangen war, aber die Nerven, ob des langen Wartens immer noch etwas blank lagen, versammelten wir eine ausgewählte Gruppe von Journalisten und machten uns zusammen mit den eingeladenen VVIPs auf zur Yacht. Die 95-Meter-Yacht war das perfekte Objekt, um nicht nur vermögende Privatpersonen und Filmstars zu begeistern, sondern auch die überhitzten Köpfe gestresster Fernsehleute bei einem guten Cocktail zu beruhigen.

Wenn wir es richtig anstellen, hat dieses Boot das Potenzial, eine Legende in der Partylandschaft des prestigeträchtigsten Rennens im F1-Kalender zu werden: Monaco! Mein Gehirn hat buchstäblich Ideen ausgekotzt!

Zuerst mussten wir herausfinden, was wir mit der Yacht alles machen können und was nicht, und ob sie zu anderen Rennen kommen würde außer Monaco - obwohl das natürlich das wichtigste Ziel für uns war. Es ist nicht selbstverständlich, dass der Besitzer eines so großen Schiffs bereit ist alle notwendigen Installationen für eine clubähnliche Party auf seinem Schiff zu dulden, plus ein paar Hundert Gäste einzuladen und sie zu unterhalten.

Unser Plan war zwei Partys in Monaco, eine Eröffnungsparty[3] am Donnerstag und eine Abschlussparty am Sonntag. Donnerstag würde in Monaco sehr gut funktionieren, da es am Freitag keine Formel-1-Streckenaktivitäten gibt und die Leute daher am Donnerstagabend Party machen können. Wir würden dann auch die Indian Empress wieder nach Istanbul bringen, wie wir es im Jahr zuvor getan hatten und auch nach Valencia! Warum auch nicht, Geld kann Lebensfreude kaufen – oder so ähnlich! Es muss auch allen klar gemacht werden, dass die Formel 1 ein neues Maß an Extravaganz erreicht hatte.

Wir führten ein Gespräch mit dem Kapitän von Vijays Superyacht darüber, was wir gerne tun würden. Als allererstes rückversicherte er sich, dass dies alles ernstgemeint war und nicht ein frommer Wunschtraum. Er schaute in den Kalender und errechnete, dass es machbar sein würde, die Yacht rechtzeitig an

[3] unluckyclown.com/deutsch/monaco.html

alle drei Standorte zu bringen. Von dieser Seite also Null Probleme. Dann mussten wir uns die mögliche Kapazität der Gäste ansehen, die wir gleichzeitig an Bord lassen konnten. Unsere Berechnung würde mit der 34-köpfigen Besatzung plus weiteren 30 Personen beginnen, die Übernachtungsgäste an Bord waren. Mein Plan war es, mindestens 700 Gäste zu haben, was im Durchschnitt die doppelte Anzahl an ausgegebenen Einladungen bedeutet. Um diese Anzahl von Gästen bedienen zu können, benötigt man ungefähr 90 Mitarbeiter - Kellner, Sicherheitskräfte, Garderobe, Catering, Reinigungskräfte, Licht und Ton usw. All dies würde mehr als 850 Personen an Bord der Yacht bedeuten, und wenn man als Durchschnitt 80kg pro Person berechnet, dann sprechen wir über 68 Tonnen Lebendgewicht, zusätzlich zu allen notwendigen Installationen von ungefähr weiteren 10 Tonnen. Der Kapitän hob die Augenbrauen und stellte meinen geistigen Zustand in Frage. Er wies darauf hin, dass all diese Personen sorgfältig überwacht werden müssen, und er sich sehr sicher war, dass der „gemeine" Partygast den inneren Bereich der Yacht nicht würde betreten dürfen. Ich habe das verstanden und es war in Ordnung - irgendwo muss ja eine Grenze sein, oder?

Ein Risiko bei so vielen Menschen an Bord wäre, wenn sich die Mehrheit zum Beispiel auf der Steuerbordseite aufhält, da sich hier die einzige Außentreppe befindet, die vom Begrüßungsdeck zum Jacuzzi-Deck und zur Sonnenterrasse führt, weil dann auch der Treibstoff eben auf diese Seite fließen würde und eine einseitige Gewichtsüberlastung das gesamte Boot zur Seite kippen ließe. Gar nicht gut! Aber wir blieben positiv: es war kein NEIN. Das waren gute Nachrichten, also können wir beginnen.

Ich schlug Vijay und seinem Marketing-Team vor, die Party indisch zu gestalten. Die gesamte Dekoration sollte indisch sein, und der Gastgeber, das Organisationsteam und die Mitarbeiter Saris und Bandhgala tragen. Zuerst fand diese Idee keine große Gegenliebe, was ich auch irgendwie verstehen konnte - denn, wenn mir als Deutscher jemand sagen würde, dass jeder Dirndl und Lederhosen zu einer Yachtparty in Monaco tragen müsse, würde ich dieses Konzept auch in Frage stellen. Aber ich wusste, dass westliche Menschen die indische Kultur und das Essen lieben, und indische Kleidung gerade absolut angesagt war. Jeder namhafte Modeschöpfer hatte irgendetwas „indisches“ in seiner Kollektion – und wir hatten schließlich das Original! Also genau das Richtige für die Party die wir kreieren wollen. Das Ziel war es, nichts anderes als eine LEGENDE zu erschaffen!

Vijay verstand unseren Ansatz und er war sofort auf unserer Wellenlänge. Wir verstanden uns immer besser und eine gewisse Freundschaft begann sich zu entwickeln. Wir genossen die Gesellschaft des anderen und begannen, gemeinsame Mittag- und Abendessen zu verbringen. Was Vijay an Hannah und mir mochte, war, dass wir unsere eigene Agenda hatten und dass wir lieferten. Wir waren nicht diese Art von Menschen in seiner Umgebung, die herumhingen und darauf warteten, was der „Meister“ sagte oder tat, um sich dann mit den anderen nach den Wünschen des Meisters treiben zu lassen.

Meine Annahme ist, dass HNWI (High-Net-Worth-Individual), insbesondere wenn sie Teil des exklusiven Clubs der Forbes-Liste sind, normalerweise von einem Gefolge umgeben sind. Dieses Gefolge ist in der Regel eine Mischung aus Freunden, Assistenten, Mitarbeitern, Geschäftspartnern, Familienmitgliedern und Schmarotzern. Und die meisten dieser Personen würden ihr Leben nach dem Zeitplan des Chefs ausrichten und ihn sogar so nennen: Boss. Sie aßen zur gleichen Zeit, lachten über die gleichen Witze, trugen ähnliche Kleidung und warteten passiv darauf, was als Nächstes passieren würde. Für mich war dies nur bis zu einem gewissen Grad erträglich, denn irgendwann riss der Geduldsfaden und ich stand auf und ging.

☆

Obwohl es erst Februar war, rückte das Rennen in Monaco am letzten Maiwochenende immer näher! Für die ersten Partys haben wir ein Budget[4] von rund einer halben Million Euro ausgehandelt: für mehrere DJs, Tänzer, Sicherheits- und Servicepersonal, FnB, Alkohol, Dekoration, Licht & Ton, Fotografen, Hotels und Transfers, gedruckte Einladungen und Goodybags - und nicht zuletzt Reparaturen. Eines war allen klar: die über 150 Millionen Dollar teure Yacht würde Schäden davontragen. Zur absoluten Stoßzeit waren fast 900 Personen gleichzeitig an Bord mit einer Gesamtzahl von fast 1.600 Gästen.

Wir hatten zum Beispiel Gäste, die ihre Zigarette auf dem Teakholzdeck ausdrückten, Rotwein auf dem weißen Teppich verschütteten, in Wandschränke kotzten und Wanddekorationen als Souvenir aus der Halterung rissen. Aber konzentrieren wir uns nicht unbedingt darauf, was schief gehen könnte, sondern darauf was tatsächlich richtig gut gelaufen ist.

---

[4] unluckyclown.tiny.us/budget

KINGFISHER
FLY FIVE STAR

VJM

FLY KINGFISHER MONACO CLOSING PARTY 2008

Master Budget

Description	Company	Estimated Costs	Actual	Deposit	Invoice received	Paid	Comments
Invites							
Design Agency	Sourced by KFA						Safe the date & hard copies
Printer	Sourced by KFA						
Envelopes	Sourced by KFA						
Wristbands	Sourced by KFA						Dinner, party & VJM owners lounge
Distribution							Postage
Sub Total		€ 0.00	€ 0.00	€ 0.00			
Staffing							
Security	La Prod	€ 5'000.00					10 staff
Toilet	Lucas Marroni	€ 3'000.00					8 staff
Shoes	Lucas Marroni	€ 1'000.00					4 staff
Hostesses		€ 2'100.00					8 hostesses
Expenses		€ 1'000.00					
Travel		€ 1'000.00					Flights, transfers, hotels
Sub Total		€ 13'100.00	€ 0.00	€ 0.00			
Entertainment							
#1 DJ fee	David Morales	€ 30'000.00					
#1 DJ flight, hotel, transfers		€ 1'000.00					
#2 DJ fee	Sakon Yamamoto						
#2 DJ flight, hotel, transfers		€ 1'000.00					
Additional entertainment		€ 4'000.00					Magician, dancers, fireworks
Models fee		€ 2'000.00					
Expenses		€ 1'000.00					FnB, clothing
Sub Total		€ 39'000.00	€ 0.00	€ 0.00			
Decoration							
Pier-side welcome area	La Prod	€ 11'000.00					Carpet, welcome desks, ropes, shoe cloakroom
Decoration for IE	La Prod	€ 20'000.00					
Jacuzzi cover	La Prod	€ 4'000.00					
Accessories for IE	La Prod/FIF1	€ 3'000.00					
Furniture for IE	La Prod	€ 3'000.00					
Brandings		€ 3'000.00					
Sound & Light	La Prod	€ 17'000.00					
Technical supervision	La Prod	€ 5'000.00					
Production fee	La Prod	€ 2'000.00					
Flowers		€ 3'000.00					
Photowall	La Prod	€ 1'500.00					
Sub Total		€ 72'500.00	€ 0.00	€ 0.00			
Catering							
Alcohol	UB/US	€ 0.00					
Soft drinks	Absolute Taste	€ 5'000.00					
Catering	Absolute Taste	€ 10'000.00					
Catering staff	Absolute Taste	€ 25'000.00					
Equipment	Absolute Taste/IE	€ 5'000.00					
Sub Total		€ 45'000.00	€ 0.00	€ 0.00			
Services							
Mobile toilets	La Prod	€ 3'000.00					6 units
Communication	La Prod	€ 1'500.00					
Photographers		€ 1'000.00					
Videographer		€ 2'000.00					
Heaters	La Prod	€ 500.00					
Yachting management	BWA	€ 1'000.00					
Staff Clothing		€ 1'000.00					
Sub Total		€ 10'000.00	€ 0.00	€ 0.00			
Extras							
Port fees	Port de Monaco	€ 1'000.00					
Contingency		€ 15'000.00					
Yacht cleaning	IE/Absolute Taste	€ 2'000.00					
Shipments		€ 2'000.00					
Guest presents		€ 3'000.00					
Sub Total		€ 23'000.00	€ 0.00	€ 0.00			
GRAND TOTAL		**€ 202'600.00**	**€ 0.00**	**€ 0.00**			

25.5.2008

Im ersten Jahr wollten wir, dass alles einfach perfekt war. Jedes Detail musste stimmen, und jeder einzelne Gast sollte das Gefühl haben, in eine Welt einzutreten, die normalerweise unerreichbar war. Auf der einen Seite hatten wir Vijay als Gastgeber. Er musste das Gefühl haben, dass wir verstanden haben, was er selbst von dieser Party erwartet, für die er tief in die Tasche greifen musste. Außerdem war es für ihn äußerst wichtig, dass sichergestellt war, dass jemanden den er auf sein Boot eingeladen hatte der Kiefer vor Staunen herunterfiel. Auf der anderen Seite hatten wir die Gäste: die VVIPs, die entweder Staatsoberhäupter, Wirtschaftsführer, Sportler, Musiker, Schauspieler und vermögende Privatpersonen waren, und die sich selbst eine Yacht dieser Größe leisten könnten - dann natürlich die F1-Gemeinschaft mit Fahrern und Team-Chefs, sowie die schönen Party-Menschen, die nichts anderes als eine tolle Party erwarteten, als würden sie in einen der coolsten Clubs auf diesem Planeten gehen.

Das Produktionsteam und ich haben uns über das Konzept und alle notwendigen Details die Köpfe heiß geredet, um all das abzuhacken, was wir in nächtelangen Diskussionen für wichtig hielten. Während des Rennwochenendes sind Lieferungen zum T-Jetty im Port Hercule ein logistischer Albtraum, da wegen des Rennens viele Straßen gesperrt sind und nur zu bestimmten Stunden eines Tages geöffnet werden. Wenn Sie beispielsweise Möbel anmieten möchten, könnten sie die zu normalen Zeiten zu dem Preis kaufen, den Sie für einen Abend an Miete bezahlen müssen. Monaco eben!

Die drei Außendecks der Indian Empress standen allen Gästen offen. Auf dem Begrüßungsdeck müssen erst einmal die Schuhe an die Garderobe abgeben werden, da unbeschuhte Füße universelle Superyacht-Etikette sind. Frische Socken sind ein MUSS oder eben pedikürte Füße. Alles andere ist ein No-Go! Die Gäste zogen dann auf das Jacuzzi-Deck mit einer Art Lounge-Bereich und dem „fliegendem Buffet“ - gemäß der indischen Tradition Gäste zu bewirten. Auf dem Sonnendeck befand sich die Tanzfläche mit einer langen Bar für die Clubber, die die Atmosphäre eines Open-Air-Clubs inhalieren wollten. An den Decks standen einige der weltbesten und renommiertesten DJs, um sicher zu stellen, dass die Menge das Boot rockt.

Ein bestimmter Schallpegel ging natürlich mit der Tatsache einher, dass hier mit einem Open-Air-Club gewetteifert wurde. Die monegassische Polizei tauchte einmal auf, um die Party zu beenden, da der Polizeichef anscheinend nicht schlafen konnte und unsere Party als Grund für diese Tatsache identifizierte wurde. Die Mitarbeiter des Welcome Desk funkten mich an, um mit den Beamten zu verhandeln, da ich für die Veranstaltung verantwortlich war. Die grobe Faustregel in Monaco als Nicht-Monegasse lautet: Sie gehorchen der Aufforderung der Polizei - Punkt. Aber zufällig kam der Geheimdienst von Albert II., dem amtierenden Monarchen des Fürstentums Monaco und Chef des Hauses Grimaldi, vorbei, um die Sicherheitsmaßnahmen der Party und der Yacht zu überprüfen, denn Fürst Albert war ebenfalls eingeladen und wurde über die Jahre ein Stammgast. Das Gespräch mit der Polizei war damit sofort beendet, und ihnen wurde nahegelegt sich um andere Unruhestifter zu kümmern. Das war knapp. Von da an hatten wir keine weiteren Komplikationen mehr mit den lokalen Behörden.

☆

Einmal beschloss Seine Durchlaucht Albert II. gegen 3 Uhr morgens in Begleitung seiner Frau Charlène zur Party zu kommen. Die Party war auf allen Decks der Außenbereiche auf dem Siedepunkt. Für Gäste wie Albert II. hatten wir den Innenbereich der Yacht und insbesondere die Eigner-Lounge, mit einem großen Fenster zum Jacuzzi-Deck, reserviert. Die Innenausstattung der Yacht war im Grunde noch die gleiche wie die aus dem Jahr 2000, für den ursprünglichen Eigner aus Katar: ein sehr schweres Design – die Berliner Schnauze nannte so etwas Nuttenbarock - mit Teppichen, in denen die Füße versanken. Als ich es das erste Mal sah, bestätigte sich meine Vermutung, dass Geld keinen Geschmack kaufen kann.

Prinz Albert und seine Frau wurden gefragt, ob sie hungrig seien, und Vijay bat den Yachtkoch ein indisches Curry zu servieren und die Bangalore Lounge für diesen Anlass vorzubereiten. Die Bangalore Lounge war einer von vielen Räumen im Innenbereich der Indian Empress, die mit einem Sofa, Sesseln und einem kleinen Esstisch für vier bis sechs Gäste ausgestattet waren. Es war ziemlich gemütlich, würde ich sagen. Da Vijay selbst mit seinen vielen anderen Gästen beschäftigt war, hatte er mich gebeten, ihnen Gesellschaft zu leisten. Also saß ich mit Seiner Durchlaucht Albert II. und dessen Frau allein an einem Tisch und wartete darauf, spät Nachtens zu speisen. Ich fühlte mich absolut geehrt, hatte aber gleichzeitig das Gefühl das fünfte Rad am Wagen zu sein. Beide waren super nett, freundlich und sehr unkompliziert. Sie freuten sich immer zu kommen, und es schien nie wie eine Verpflichtung zu sein, sondern sie kamen, weil es ihnen Spaß machte. Sie mischten sich unter die anderen Gäste - natürlich kannten sie viele von ihnen - und sicher wussten alle anderen, wer sie waren.

M/Y Indian Empress; Anschaffungspreis ca. €180mio; zugelassen für 32 Gäste und 27 Crew mit einer Länge von 95m

Die Filmfestspiele von Cannes finden immer ungefähr zur gleichen Zeit wie der F1 Grand Prix von Monaco statt. Für viele Hollywood-Größen gehört daher Südfrankreich zum Pflichtprogramm, wenn sie einen Film zu bewerben hatten, der im Wettbewerb um die Palm d'Or lief. Oder sie kamen schlichtweg um Ihr Gesicht auf dem roten Teppich in die vielen Kameras zu halten. Von Cannes nach Monaco sind es nur etwa 50km, und jeder, der nur irgendwelche Kontakte hatte, versuchte stets, namhafte Schauspieler und Schauspielerinnen zum Rennen zu locken. Das gleiche galt auch für uns: wir wollten die Party mit einigen bekannten Gesichtern aufpimpen.

Es war 2012 und mittlerweile war die Party auf der M/Y Indian Empress bereits zu einer Legende geworden. Vijay war inzwischen ein enger Freund und nicht nur ein Kunde. Es war ein Privileg, in der Eigenschaft meines Jobs für ihn zu arbeiten, und eine Freude, ein Freund von ihm zu sein. Er vertraute unserer Arbeitsweise und akzeptierte unseren Lebensstil, was bedeutete, dass wir auch für andere arbeiteten und nicht gebannt auf seinen nächsten Schritt warteten.

Es war das Jahr, in dem Antonio Banderas zur Party kam. Ich erwartete ihn auf dem Begrüßungsdeck und geleitete ihn in den Innenbereich. Er zog seine Schuhe aus und wir machten uns auf den Weg hinauf zur Eigner-Lounge. Dabei entdeckte er den ersteigerten Flügel, der früher Elton John gehörte. Mit einer Zigarette im Mund setzte er sich, öffnete die Klappe der Tastatur und sagte, ich solle mich neben ihn setzen. Ich verfluchte mich dafür, dass ich meinem Klavierlehrer in der Schule nicht mehr Aufmerksamkeit geschenkt hatte. Ich kann mich nicht genau erinnern, was er gespielt hat, aber plötzlich sagte er, wir sollen vierhändig spielen. Aber außer „alle meine Entlein“ hatte ich nichts drauf – und das auch nur mit ausreichend Cocktails intus. Vierhändig würde also eine Katastrophe werden! Er trug einen schwarzen Anzug mit einem weißen Hemd und einer schwarzen Krawatte, also musste er wohl von einer offiziellen Veranstaltung kommen. Ich sagte ihm, er solle die Krawatte loswerden und in Partystimmung kommen - er war froh, das zu hören.

Tagsüber hatte mich Bernie gefragt, ob ich mich um einen alten Bekannten von ihm, Steve Wynn, kümmern könne. Wynn wurde durch seine Projekte und seine Präsenz in den größten Casino-Hochburgen wie Las Vegas und Macao berühmt. Er leidet an der degenerativen Augenkrankheit Retinitis pigmentosa, und ist auch nicht gut zu Fuß und kam in Begleitung seiner Frau. Es war mir eine große Freude, eine Legende wie ihn zu betreuen. Und ich konnte nicht anders: ich musste die Frage seiner versehentlichen Zerstörung eines Picasso-Gemäldes stellen. Er erzählte mir, dass er mit so einem schlechten Sehvermögen froh sei, nicht schon mehr als nur ein 40-Millionen-Dollar-Gemälde zerstört zu haben. Persönlich gehe ich kaum in Casinos. Vielleicht weil das Wenige, das ich einsetzen könnte, jeden High-Roller in Verlegenheit bringen und mich in eine verdammt unangenehme finanzielle Schieflage bringen würde.

In der Zwischenzeit kam Liam Cunningham, ein langjähriger Freund und Urgestein von „Game of Thrones", zur Party im Schlepptau seinen Schauspielerfreund Michael Fassbender. Liam ist immer gut für eine Party mit netten Leuten und Fassbender auch. Er war total gut gelaunt und es war bereits zu einer Zeit, da ich mir selbst ein oder zwei Drinks genehmigen konnte. Man kann nicht Gäste mit ihrer guten Laune alleine lassen! Irgendwann spielten wir dann die Reise nach Jerusalem und um den Bruchteil einer Sekunde gewann Michael gegen mich - verdammt!

Die Party dauerte wie gewöhnlich bis in die frühen Morgenstunden und endete meistens mit einem großen Curry-Buffet in einem großen, ausgedehnten Speisesaal um 5 oder 6 Uhr morgens zusammen mit Vijay, seiner Familie und ihren engsten Freunden, die an Bord der Yacht wohnten. Danach nahm ich meinen Rucksack und ging im hellen Sonnenlicht zurück zu meinem Hotel. Es kündigte sich ein weiterer schöner Tag in Monte-Carlo an!

Und nur ein paar Stunden später zeigte ich Banderas, Fassbender und Liam die Garage von Force India und ohne jede Untertreibung kann ich behaupten, dass wir alle aussahen, als wären wir von einem Lastwagen überrollt worden!

☆

Zwischen 2008 und 2014 haben wir Monacos legendärste F1-Party ins Leben gerufen. Selbst in den Jahren danach, als ich aus sentimentalen Gründen am T-Jetty vorbeiging fragten mich die Leute, ob ich wüsste, wo denn die Party auf der Superyacht ist. Auf dem T-Jetty vom Port Hercule machten immer die größten und bekanntesten Yachten fest und mit Sicherheit diejenigen, die von allen im Hafen gesehen werden wollten.

Um Mitte 2012 wurden die Schwierigkeiten von Vijays Kingfisher Airlines auch in der Formel 1 bekannt. Seit der Gründung der Fluggesellschaft im Jahr 2003 wurden nur Verluste eingeflogen. Die Übernahme der defizitären Air Deccan im Jahr 2007 machte die Sache nur noch schlimmer. Es wurde vermutet, dass Vijay und sein Team die Sorgfaltspflicht bei der Fluggesellschaft nicht eingehalten hatten und es schließlich dieser Deal war, der sein Imperium in den Abgrund stürzte. Bis Anfang 2012 hatte die Fluggesellschaft Verluste von fast einer Milliarde US-Dollar angehäuft, wobei die Hälfte der Flotte am Boden blieb, da Mitarbeiter wegen ausstehender Gehälter von über 40 Millionen US-Dollar streikten. Die schlimmste Nachricht[5] war, als die Frau eines dieser unbezahlten Angestellten Selbstmord beging, weil der Familie die Lebensgrundlage entzogen wurde. Es sieht so aus, als hätte Vijay echtes Blut an seinen Händen.

---

[5] unluckyclown.tiny.us/news

Zu dieser Zeit wurde für den weiteren Geldfluss einfach die Marke gewechselt. Ab nun würde das Spirituosenimperium die Schecks decken, die für die Aufrechterhaltung der Legende, die wir in den letzten fünf bis sechs Jahren entwickelt hatten, benötigt wurden. Alle Probleme, die sich in Indien zusammenbrauten, sollten keinesfalls das glückliche Leben in Europa und die Königsklasse des Motorsports treffen. Warum auch?

Ich fühlte mich schlecht wegen all der unglücklichen Menschen von Fly Kingfisher und dass eine so großartige Fluggesellschaft überhaupt pleite gehen musste. Vijay war immer noch mein Freund und zu dieser Zeit glaubte ich wirklich, dass er das alles nicht gewollt hat. Warum sollte er auch, es war sein Geschäft und mit ein Grund einer der reichsten Menschen auf diesem Planeten zu sein. Als ich jedoch hörte, dass die 95-Meter-Yacht 2015 eine Umgestaltung im Wert von mehreren Million Dollar erhalten soll, begann ich mich zu fragen, ob dies ewig so weiter gehen würde und zu welchem Zeitpunkt eine so intelligente Person wie Vijay alles gegen die Wand fahren würde.

In der Nacht zum 1. März 2016 bestieg Vijay mit einem Diplomatenpass gemeinsam mit seiner Freundin und mit viel Gepäck, das für eine zweistellige Passagierzahl ausreichen würde, einen Linienflug nach London. Der A319 war mittlerweile von den indischen Behörden beschlagnahmt worden. Gerüchten zufolge hatte er einen Tipp erhalten, dass die Banken seine Verhaftung wegen Zahlungsverzuges bei der Rückzahlung von Krediten für die inzwischen liquidierte Fluggesellschaft beantragen würden.

Im nächsten Monat wurde sein Pass für ungültig erklärt, nachdem ein indisches Gericht einen Haftbefehl gegen ihn erlassen hatte. Indien sandte Großbritannien am 8. Februar 2017 ein offizielles Auslieferungsersuchen. Nachdem er zum Täter erklärt worden war, wurde er am 18. April 2017 in London von Scotland

Yard auf Indiens Auslieferungsersuchen hin verhaftet. Er wurde am selben Tag gegen eine Kaution von 650.000 Pfund wieder freigelassen. Im Mai befand der Oberste Gerichtshof von Indien Vijay der Missachtung des Gerichts für schuldig und forderte ihn auf im Juli zu erscheinen. Als er nicht erschien, sagte der Oberste Gerichtshof, dass der Fall der Missachtung erst wieder aufgenommen würde, nachdem er dem Gericht vorgeführt würde. Im Oktober wurde er im Rahmen eines Geldwäscheverfahrens in London erneut festgenommen und ebenfalls gegen Kaution freigelassen.

Das Gericht hatte ihm aufgrund der weltweiten Einfrieranordnung eine wöchentliche Bewilligung von 20.000 Pfund gewährt, nachdem seine Anwälte klargestellt hatten, dass die anfänglichen 5.000 Pfund niemals ausreichen würden, um seinen Lebensstil aufrechtzuerhalten. Wie hätte das auch funktionieren sollen? Er hatte in seinen beiden Häusern in Großbritannien immer noch einen ziemlichen Personalaufwand, darunter mindestens eine persönliche Assistentin, einen Butler, Küchen- und Hauspersonal sowie Gärtner. Sicherlich muss sich auch jemand um die ziemlich große Autosammlung kümmern, die in der sehr geräumigen Garage in Tewin steht.

In der Zwischenzeit wartete auch die 35-köpfige Besatzung unserer Party-Yacht auf ihre aussehenden Gehälter. Gemäß einem maritimen Pfandrecht kann die Besatzung eines Schiffes einen Anspruch auf den Wert nicht bezahlter Löhne geltend machen, der sich in diesem Fall auf über eine Million Pfund belief.

Am Ende wurde die Indian Empress vom maltesischen Gericht festgesetzt, da sie dort für einige technische Reparaturen festgemacht hatte. Letztendlich wurde sie für „nur“ knapp über 35 Millionen Euro verkauft.

Vijay Mallya schuldet 13 Banken über 1 Milliarde Dollar. Er ist nicht in der Lage, das Vereinigte Königreich zu verlassen, da er keinen gültigen Reisepass besitzt und außerdem das Risiko einer Verhaftung aufgrund des internationalen Haftbefehls eingehen würde. Er kämpft mit allen verfügbaren Mitteln gegen den Auslieferungsbefehl aus Indien, da es sicher wäre, dass er in dem Moment, in dem er England verlässt, im Gefängnis landen würde. Selbst wenn es ihm gelingt, die Anordnung aufzuheben, kann er weiterhin in seinem Haus in Großbritannien unbehelligt leben, doch seine Reisemöglichkeiten wären äußerst begrenzt, da der internationale Haftbefehl gegen ihn in allen Ländern vollstreckt würde, mit denen Indien ein Auslieferungsabkommen hat.

EINE KLEINE PARTY HAT NOCH NIE JEMANDEM GESCHADET

„Nun, da ich als Party-Macher gebrandmarkt war, konnte ich auch gleich das Beste draus machen."

GR1D CLUB™

Nun, da die Partys auf der Indien Empress legendär waren, saß ich eines Abends mit meinen beiden italienischen Geschäftspartnern zusammen und wir überlegten, wie wir diese Reputation nutzen konnten, um eine Partyreihe nach den Rennen zu etablieren. Natürlich wussten wir, dass bereits eine gut etablierte Partyserie existierte, aber wir wollten einen anderen Blickwinkel auf dieses Thema. Wir sahen uns die bestehende Marktsituation an und waren uns einig, dass es noch viel Raum für einen anderen Spieler gab - UNS.

Unsere Strategie sollte auf schlanken Organisationsstrukturen beruhen - also wenig Personal, keine „mitreisenden" Möbel und keine sterile, austauschbare Atmosphäre. Für uns war es wichtig, dass sich die F1-Leute unter die lokalen Party-Menschen mischen, und das in den angesagtesten Clubs einer Stadt. Für mich war es besonders wichtig, dass man die jeweils lokale Partykultur spüren, hören und erleben kann.

Wir identifizierten einige großartige F1-Ziele als Zielmarkt: Barcelona, Budapest, Mailand, Mexiko-Stadt oder São Paulo - Orte, die jeder von uns gerne besuchen würde. Jetzt mussten wir einen Namen für dieses Projekt finden, und ich kam auf die Idee des GR1D CLUB. Das klang aufregend und wir haben auch eine sehr coole Corporate Identity dafür entwickelt.

Durch unser Netzwerk an Kontakten haben wir es geschafft, sofort mit dem Management der heißesten Clubs der verschiedenen Städte in Kontakt zu treten. Unser Konzept war für sie sehr attraktiv, da wir Sonntagnacht aktivieren würden, was normalerweise eine sehr ruhige, wenn nicht gar tote Nacht für Clubs ist. Wir schafften es manchmal, den größten Umsatz für eine Nachtparty zu erzielen, sogar im Wettbewerb mit Silvester.

Wir hatten eine gute Reputation im Formel-1-Fahrerlager, da die Leute wussten, dass wir einen fairen Ansatz hatten und niemanden für unsere eigenen Zwecke missbrauchen würden - insbesondere nicht die F1-Fahrer. Unser Ziel war es, ein großartiges Produkt zu entwickeln, das „Sonntagnacht" Spaß versprach und wo man nach einem stressigen Rennwochenende ordentlich Dampf abzulassen konnte. Für diejenigen, die das ganze Wochenende im Rampenlicht der Medien stehen, ist es wichtig, sich sicher zu fühlen und in der Lage zu sein, die sterile Unternehmenskultur der Teams für einige Stunden hinter sich zu lassen. Wir folgen da dem berühmten Zitat: Was in Vegas passiert, bleibt in Vegas - und das gilt auch für den GR1D CLUB. Natürlich mussten wir noch beweisen, dass wir vertrauenswürdig sind und dass das Konzept funktionieren würde. Aber nach nunmehr etlichen Jahren stellen wir fest, dass dies der Fall ist, weil alle unsere Gäste immer viel Spaß haben, und unsere Partner voll zufrieden sind. Wir waren immer sehr großzügig gegenüber unseren Gästen und unsere Popularität im Paddock ist enorm, ebenso wie in den verschiedenen Städten, in denen wir aktiv sind. Unser Name wurde zu einer Institution an den Rennwochenenden.

♣ 2019 V. Bottas @Barcelona; ♠ 2017 M. Ericsson & D. Ricciardo @Montreal; ♦ 2013 S. Worthington @Budapest; ▲ 2019 T. Liuzzi & C. Leclerc @Monaco; ★ 2019 M. Verstappen @CDMX; ● 2018 N. Hülkenberg & C. Sainz @CDMX

Wir waren immer bemüht neue Sponsoren zu finden, um unsere Events noch attraktiver machen zu können, und hatten daher öfters Treffen mit verschiedenen Unternehmen. Das Formel-1-Fahrerlager ist ziemlich klein. Vielleicht vergleichbar mit einem Dorf, in dem jeder jeden kennt und auch jeder mit jedem spricht. Beim Großen Preis von Russland in Sotchi wurde ich von Bernies rechter Hand angesprochen. Er zog mich beiseite für ein kleines Tête-à-Tête. Er erzählte mir, dass Bernie ihn selbst gebeten hatte, dieses Gespräch mit mir zu führen, da er sehr sauer auf mich war. Ich war überrascht, da ich Bernie gerade getroffen hatte und er kein Wort darüber erwähnte - also hörte ich zu, worum es ging.

Bernies rechte Hand wies darauf hin, dass unser Name zu nahe an der Formel 1 war, da das Wort „Grid" direkt mit dem Sport verbunden ist. Wir sollten das ändern. Er schlug vor, unsere Partyserie in „Tara Ramos Party" umzubenennen oder etwas in dieser Art, aber nichts, was direkt mit der Formel 1 zu tun hat. Er hatte auch erfahren, dass wir uns an bestehende Sponsoren aus der F1 gewandt hatten, und dies war besonders für Bernie ein No-Go.

Sein Vorschlag, diese sehr unangenehme Situation zu lösen, war, dass ich ihm einen Brief schreiben sollte, in dem ich bestätige, dass ich den Namen der Party ändern würde, mich dafür entschuldigen, dass ich Kontakt zu einigen bestehenden Sponsoren aufgenommen hatte, und anerkennen würde, dass dies nie wieder passieren wird. Er würde dann Bernie diesen Brief zeigen und irgendwie sicherstellen, dass sich die Dinge wieder beruhigen würden. Das klang nach einer großartigen Idee - NICHT. Da ich kein Briefpapier und auch keine Umschläge zur Hand hatte, dachte ich, ich sollte das vielleicht abkürzen und direkt mit Bernie sprechen.

Was für eine Überraschung! Als ich ihm den Sachverhalt erzählte, wusste er nicht, wovon ich sprach. Das Einzige, was er unterstrich, war, dass ich „vorsichtig" sein sollte. Ich war erleichtert, denn das Letzte, was jemand - und insbesondere ich - möchte, ist, ihn wütend zu machen.

☆

In unserem GR1D CLUB habe ich es immer sehr genossen, wenn meine engen Freunde vom Paddock am Sonntag nicht den ersten Flieger nach dem Rennen nahmen, sondern mit uns feierten. Wir hatten gemeinsame Abendessen an denjenigen Veranstaltungsorten die ein Restaurant als Teil ihres Konzepts hatten. Dies ist großartig um sicherzustellen, dass unsere Gäste bereits vor Ort waren und nicht mitten in der Nacht absagten, nur weil sie woanders viel zu viel gegessen hatten. Besonders meine Freunde von Daimler mochten, was wir in den letzten Jahren mit unserer Marke erreicht hatten, und 2016 begannen wir herumzuphantasieren, ob es auch für ein Team wie Mercedes eine Option wäre, eine Veranstaltung auszurichten, die zwar in gewissem Umfang „Corporate“ beginnt, aber in einer Party enden würde, um diese langweiligen Firmenfeiern mit öden Cocktails endlich zu begraben.

Natürlich war ich der erste, der dem zustimmte! So entstand die Idee, ihnen ein Konzept[6] vorzuschlagen, das nicht nur einen einzelnen Gastgeber vorsah, sondern auch die Partner des Teams einbeziehen würde, die daran interessiert waren Teil des Konzepts zu werden. Ziel war es, die verschiedenen Team Sponsoren zu ermutigen, kreative Ideen zu entwickeln, damit den geladenen Gästen zu den Fahrerauftritten und der Teampräsentation zusätzliche Unterhaltung geboten wird.

Wir haben eruiert, dass der mexikanische Markt ideal für einen ersten Schritt ist, da bekannt war, dass sie ein zusätzliches Budget für die Unterhaltung ihrer Gäste am Rennwochenende haben. Anfangs war die mexikanische Marketingabteilung nicht davon

---

[6] unluckyclown.tiny.us/concept

überzeugt, dass eine Party im mexikanischen Stil eine gute Idee war, aber ich konnte sie davon überzeugen, dass dies auch international funktionieren würde und dass Daimler danach streben würde, dies weiter zu kommunizieren als nur im Land selbst. Ich bezog mich dabei auf die Eröffnungsszene des jüngsten James-Bond-Films und darauf, dass der „Día de Muertos" dadurch internationale bekannt wurde.

Eine meiner „Bedingungen" war, dass die Türen auch für die anderen Teams offen standen und es nicht nur eine reine Mercedes Veranstaltung werden würde, denn dafür hätten sie auch eine klassische Eventagentur engagieren können.

Es wäre eine perfekte Gelegenheit, um zu zeigen, dass die Formel 1 nicht nur aus kalter Rivalität besteht, sondern auch, dass Konkurrenten einander willkommen heißen und gemeinsam feiern können.

☆

Zur gleichen Zeit, als ich diese hochkarätigen Events organisierte, dachte ich mir, es wäre doch schön, auch noch etwas ganz anderes zu machen. Etwas ursprüngliches. Ich erinnerte mich an die bodenständige Atmosphäre beim Großen Preis von Österreich und der Geschäftspartner meiner ersten Party lebte immer noch direkt neben der Rennstrecke. Ich rief ihn an und fragte, ob es nicht schön wäre, eine Handvoll Freunde zu einem Grillabend in seinem Garten einzuladen, der einen wunderbaren Blick über das Tal bot. Ich wusste nicht, ob irgendjemand in der F1 für einen entspannten Abend auf der Terrasse bereit war oder ob er stattdessen lieber in ein Restaurant gehen würde. Ich beschloss, nur Personen einzuladen, die mir sehr nahestehen und es bei einer überschaubaren Größe von maximal zwanzig bis fünfundzwanzig Personen zu belassen. Ein anderer Freund von mir, dessen Familie an mehreren Unternehmen in der Region beteiligt ist und der in seiner Freizeit jagt, würde ein Reh schießen und es für den Grill vorbereiten lassen. Zu den Stammgästen über die Jahre zählen Nico Hülkenberg, Daniel Ricciardo und Pierre Gasly. Selbst der deutsche Komiker Joko Winterscheid und einmal sogar Mick Schumacher kamen ebenfalls vorbei, um ein gutes Stück Fleisch zu essen.

Ich erinnere mich noch genau daran, dass 2016 am Abend meines Grillabends das Viertelfinale der Fußball-Europameisterschaft stattfand. Wir hatten einen Video-Beamer aufgebaut, um das Spiel zu streamen, und sahen uns alle das Elfmeterschießen mit unserem Essen und einem Bier in der Hand an. Das Match selbst war Deutschland gegen Italien und ein wahrer Thriller. Wir waren ungefähr fünfundzwanzig Leute im Esszimmer, die bequem vor der Leinwand saßen, und vor Spannung an ihren Fingernägeln kauten, als plötzlich die Projektorlampe kaputt ging. Viele meiner Gäste an diesem Abend waren Deutsche und die die Stimmung kippte plötzlich ins unerträgliche, als der einzige Bildschirm, der noch funktionierte, ein 13-Zoll-MacBook Air war und der letzte Spieler zum Schuss anlief. Jeder versuchte sich eine bessere Position zu ergattern, um einen Blick auf den kleinen Laptop zu werfen. Es war ein einziges Gerangel um jeden Millimeter. Zum Glück endete es gut für die deutsche Nationalmannschaft und zum ersten Mal gelang es, Italien in einem solchen Turnier zu schlagen, um ins Halbfinale aufzusteigen. Joko zeichnete diese irre Situation mit seinem Smartphone auf.

Dieses kleine jährliche BBQ ist seitdem eine meiner Lieblingszusammenkünfte von lieben F1-Leuten und steht immer noch ganz oben auf meiner Liste.

FÜHR MICH ZUM SCHOTTER

„Wir haben es in kürzester Zeit geschafft einen der größten Sponsorendeals der F1 abzuschließen, den die Branche je gesehen hat.“

Der siebte Februar 2017 war ein nasskalter und gähnend langweiliger Wintertag. Eine Art Ruhe vor dem Sturm vor der nächsten Formel-1-Saison. Ich saß ziemlich gelangweilt zu Hause, die Füße auf dem Couchtisch, als ich eine WhatsApp-Sprachnachricht von Nico[7] erhielt. Ob wir nicht ein paar Tage in London abhängen wollen fragte er - für ein Jungs Wochenende eben. Ich habe sofort meinen Kalender auf dem iPhone geöffnet und festgestellt, dass ich für die Zeit vom 16. bis 21. Februar nix geplant hatte. Klar, mit Vergnügen!

☆

Nico wurde einer meiner engsten Freunde, seit sein damaliger Trainer uns 2010 vorstellte. Zu dieser Zeit fuhr er für Williams. Es war beim Großen Preis der Türkei als sich Nicos Physiotherapeut an mich wandte und mich fragte, ob er mich einem der Williams-Fahrer vorstellen könne - wohl wissend, dass ich in irgendeiner Weise mit Bernie verbunden war. Er manövrierte mich also zum Williams Motorhome und bugsierte mich die steile Wendeltreppe nach oben, wo Nico schon in seinem Fahrerzimmer auf mich wartete. Nach einer formellen Vorstellung verfielen wir sofort ins Deutsche, so dass sein Physio es vorzog den Rückwärtsgang einzulegen und zu verschwinden.

Nach etwas höflichem Smalltalk ließ Nico die Katze aus dem Sack: ob es mir nicht möglich wäre, ihm drei Paddock-Pässe für das bevorstehende Rennen in Valencia zu besorgen. Für seine Freundin, seine Mutter Susie und seinen Vater Didi.

Ich war perplex. Was! Er ist einer der Fahrer des Teams, also musste er eigentlich nur die Treppe hinunter ins Marketingbüro und denen mitteilen, dass seine Familie zum Europarennen kommt - so einfach! Ich habe ihm das so auch gesagt. Aber offensichtlich war bei Williams Nichts so einfach. Er hatte sich bereits ein NEIN eingefangen, weil alle verfügbaren Pässe bereits für andere Zwecke

---

[7] unluckyclown.com/deutsch/sprachn-nh.html

verplant waren und seine Leute offensichtlich nicht dazu gehörten. Er fragte mich noch einmal, ob ich die drei Pässe ermöglichen könne. Ich antwortete, ich würde Bernie fragen und mit seiner Antwort auf ihn zurückkommen.

Paddock Pässe sind einer der größten Schätze der F1. Sie sind Währung, Belohnung, Bestechung und wenn verweigert Bestrafung. Ein wichtiger Teil von Bernies Regime, das Fahrerlager zu kontrollieren. Aber Bernie hatte auch ein Faible für Familientreffen an Rennwochenenden, also zögerte er nicht und nach dem Einreichen der Head-Shot-Fotos für die Pässe war Nicos Familie ausgestattet für Valencia - und für Nico und mich war es der Beginn einer wunderbaren Freundschaft - um Humphrey Bogarts berühmte Worte aus dem Film Casablanca zu verwenden.

☆

Für unseren kleinen London-Trip hatte uns Nico in die Chelsea Bridge Apartments direkt am Battersea Park eingebucht. Für eine vage Illusion von Zuhause bevorzugten wir es gelegentlich eine Wohnung anzumieten anstelle eines Hotels, um dem Gefühl nur auf einer weiteren Geschäftsreise zu sein zu entrinnen. Nicos Trainer Martin kam und füllte den Kühlschrank, trainierte mit Nico und gab ihm einige Behandlungen. Natürlich gaben wir auch die klassischen London Touristen, die zu Harrods mussten und auf dem Weg „nach Hause“ durch den Hyde Park schlenderten. Dann überschlugen sich die Ereignisse!

Am 17. Februar rief mich mein Geschäftspartner Emanuel an und erklärte mir, er habe ein potenzielles Unternehmen identifiziert mit ernsthaftem Interesse einer Titelsponsorschaft eines Formel-1-Teams - ohne mir den Namen dieser Firma zu nennen.

Er sagte, dass er diesen Sponsor schon Sauber vorgestellt habe, aber der Deal aufgrund einiger Vertragsprobleme in der Sackgasse geendet hatte – hauptsächlich, weil Sauber nicht zustimmen konnte, die Grundfarbe ihres Autos zu ändern. Emanuel betonte, dass die Grundfarbe der Autos unbedingt PINK werden müsse, ohne dieses „kleine Detail" würde kein Deal zustande kommen. Himmel - Pink - eine verdammt „blonde" Farbe für ein Formel-1-Auto!

Dieser bewusste Sponsor war bereit, bis zu 15 Millionen Euro im Jahre für einen Mehrjahresvertrag hinzublättern, wenn die Farbe geändert werden würde und der Sponsor mit seinem Branding das Aussehen des Rennwagens dominieren würde - was angesichts der Farbe Pink keine große Sache sein sollte. Er fragte, ob ich im Namen seiner Firma an der Vorstellung eben dieses Sponsors bei einem anderen Team beteiligt sein wolle, sagte aber auch, dass ein Deal schnell durchgezogen werden müsse, um sicherzustellen, dass bis zum Start der Formel-1-Saison 2017, die nur noch wenige Wochen entfernt war alles unter Dach und Fach war. Was im Klartext bedeutete: Kein langes Palavern, sondern machen.

Wir diskutierten Alternativen zu Sauber, die wir in Betracht ziehen sollten. Dabei konzentrierten wir uns auf Teams, von denen wir annahmen, dass sie am ehesten bereit wären mit pinken Autos zu fahren. Wir waren uns schnell einig über die beiden besten Chancen die wir hatten: Force India und Haas. Gedanken an Mercedes, Ferrari oder Red Bull kamen erst gar nicht auf, denn für diese „Alpha Teams" konnte Pink niemals eine ernsthafte Farbe für ihre Rennautos sein.

Wir wogen die Vor- und Nachteile beider Teams ab und beschlossen, Force India zuerst anzugehen, wohl wissend, dass sich Niki Lauda 2016 selbst zur Force India Hospitality aufmachen musste, um Vijay Mallya damit zu konfrontieren, dass die Motoren nicht bezahlt wurden und es ohne Motor schwierig wäre Rennen zu fahren. Aber natürlich mussten wir zuerst herausfinden, wie Force India zu Pink stand. Nur das Abnicken von Pink würde einen Deal absegnen. Unser zweiter Gedanke war, dass sie in der Formel

1 Teamwertung im Jahr zuvor Vierte waren, der Sponsor also für sein Geld viel Gegenwert bekommen würde.

Wir hatten die Hoffnung, dass ein Sponsor, der bereit war, an die 15 Millionen Euro pro Jahr in ihr Sparschwein zu stecken für Force India Weihnachten im Februar bedeuten würde und das Umlackieren zu Pink somit eine reine Formsache. Haas war nicht so wettbewerbsfähig wie Force India und versuchte zudem die Formel 1 in den USA zu etablieren. Deshalb würde man wohl eher zweimal überlegen, bevor man sich in pink auf der Rennstrecke outen würde. Darüber hinaus schien das Team eine solide finanzielle Basis zu haben. Die Zeit tickte! Also keine Zeit für lange Diskussionen über die Schönheit von Pink!

☆

Emanuel kannte meinen Hintergrund mit Force India, insbesondere meine Beziehung zu Vijay Mallya, dem Teileigner, Teamchef und Hauptentscheider bei allen wichtigen Vorgängen rund ums Team. Nur wenn Vijay das Pink absegnen würde konnte ein Deal rechtzeitig über die Bühne gehen, bevor die Autos Anfang März nach Melbourne ausgeflogen würden. Emanuel bot an, dass ich einen Teil der Provision die AMP an dem Deal verdienen würde, bekäme. Ich stimmte zu und sagte, dass ich gerne mit ihm am „Projekt Pink" zusammenarbeiten würde, ohne dass im Detail besprochen wurde, was ich für meine Tätigkeit erhalten sollte. Ich vertraute darauf, dass er fair sein würde.

Ich sagte Emanuel, dass ich gerade in London bin und sofort das Projekt Force India in Pink angehen könnte. Und in der Tat war das Timing perfekt: Nico hatte für Sonntag eine Essensverabredung mit Andy Stevenson, Force Indias Sportvorstand, ausgemacht und ich war am Tag danach, dem Montag, schon mit Vijay verabredet. Ich konnte also direkt loslegen. Wir waren uns sofort handelseinig kooperieren zu wollen, um dieses Projekt erfolgreich durchzuziehen. Zum Wohle aller Beteiligten. Das war mal die Idee.

☆

Nach meinem Telefonat mit Emanuel erzählte ich Nico, dass ich Force India im Namen von Emanuels Firma AMP kontaktieren würde, um einen Sponsorendeal zu besprechen. Bei Erfolg würde ich einen Teil der Provision von AMP erhalten. Ich musste unbedingt loswerden, dass mich die Aussicht auf den Reichtum eines mäßig bezahlten F1-Fahrers beflügeln würde, was Nico mit lauthalsigem Lachen quittierte. Er würde seit Jahren für Force India fahren aber von Reichtum keine Spur! Nicht einmal ein von einem mäßigen! Ich sagte zu Nico, dass ich das Thema bei unserem Mittagessen am Sonntag mit Andy Stevenson ansprechen würde, weil ich seine Reaktion auf eine möglicherweise rosige Zukunft sehen wollte! Es wäre ein erster Hinweis, ob Pink mit Force India machbar ist.

☆

Am Freitagabend beschlossen wir erstmal in Flavio Briatores Restaurant Sumosan Twiga, in der Sloan Street zu Abend zu essen, zu dem auch einige meiner Freunde von Mercedes dazukamen. Das Essen war hervorragend - die Gin Tonics auch! Gegen Ende des Abendessens wurde die Musik höllisch laut und signalisierte uns, dass es Zeit war die Treppe in den Keller zu nehmen. Es war Club Zeit! Massenhaft Menschen drinnen und eine enorme Schlange vor der Tür - und ein gnadenloser Türsteher der sie bewachte. Wir gingen zur Bar und bestellten noch ein paar Drinks und aus irgendeinem Grund hatte ich den unnötigen Einfall, nach Tequila-Shots zu fragen. Einer meiner Freunde verschwand, um eine Zigarette zu rauchen, und kam nicht zurück. Ich machte mir Sorgen und ging ihn suchen – zuerst am Klo, da ich sowieso pieseln musste. Als er nach meiner Rückkehr noch immer nicht wieder aufgetaucht war ging ich vor die Tür und fand ihn in einer unangenehmen Konversation mit dem Türsteher, der ihn nicht wieder hineinlassen wollte. Ich versuchte den Türsteher zu überreden - aussichtslos! Wir nahmen das als Zeichen unseren Ausflug ins Londoner Nachtleben zu beenden, weil wir alle bereits unsere Alkoholgrenze um einiges überschritten hatten.

Der ganze Samstag verging mit schlafen und in den Wachphasen mit kleinen Märschen durch die Nachbarschaft. Ein Kater will schließlich bekämpft werden!

Am nächsten Tag, dem 19. Februar 2017, aßen Nico und ich mit Andy Stevenson zu Mittag. Nico hatte das organisiert und da wir uns alle gut verstanden kam ich mit. Nico und ich gingen durch die Stadt und kamen rechtzeitig im Ivy an, einer In-Brasserie für top Essen und „people watch" in Kensington, wo Andy schon wartete. Wir saßen auf der rechten Seite am Fenster und studierten die Speisekarte. Ich entschied mich für einen Croque Monsieur – genau die richtige Kost für ein Sonntagsbrunch. Es gab netten Smalltalk über die vergangene Saison, über Andys Frau und ihr Zuhause und seinen geliebten Aston Martin. Es war ein sehr entspanntes Mittagessen. Ich hatte Andy natürlich auch schon häufiger getroffen und mochte ihn sehr.

Für mich war er eine der Personen, die hinter dem erstaunlichen Erfolg von Force India standen – trotz eines sehr bescheidenen Budgets! Ich hatte nie eng mit ihm zusammengearbeitet, weil für ihn als Techniker Marketing oder PR nicht zum Tagesgeschäft gehörten. Wo sich jedoch beide Bereiche berührten hatte er gelegentlich Vorschläge zu Problemlösungen beigetragen. Ich war sehr gespannt, wie er auf die geplante Sponsoring-Gelegenheit in Pink reagieren würde. Die Farbe hatte ja nichts mit der Konkurrenzfähigkeit des Autos zu tun – aber wenn man Tag täglich auf Pink starren muss, könnte das durchaus schlechte Laune machen. Kurz vor dem Dessert - das für mich immer mit Schokolade zu tun haben muss - habe ich Andy gegenüber beiläufig erwähnt, dass ich mit meinem Geschäftspartner aus Liechtenstein einen potentiellen Sponsor gefunden habe, der 15 Millionen Euro pro Jahr für ein mehrjähriges Projekt ausgeben könne. Als Hauptsponsor eines Formel-1-Teams – allerdings unter der Bedingung, dass die Grundfarbe des Autos Pink werden müsse. Ich sagte ihm Force India hätte für mich für diesen Deal Priorität, vor allen anderen in Frage kommenden Teams. Er solle unumwunden sagen, wie er die Möglichkeit eines derart drastischen Farbwechsels beurteilt. Ich sagte ihm, dass „wir“ den Deal Sauber vorgeschlagen hatten, aber der Deal wegen vertraglicher Probleme durchgefallen war, eben wegen der Farbe Pink.

Andy Stevenson bekam Stielaugen! Mann, Force India würde sogar eckige Reifen ans Auto montieren, um sich diese Kohle zu krallen! Zeit wäre allerdings ein Problem, um diesen Deal zu realisieren und die Autos noch rechtzeitig zum Saisonstart pink zu haben. Seine Schätzung war, höchstens zwei Wochen für Verhandlungen, Anwälte, Design - nicht mehr. Ich sagte, dass ich ihm gerne ein paar Sachen per E-Mail schicken würde und dass dies ein sehr gutes Geschäft für Force India und uns sein könnte – eine klassische Win-Win-Situation. Ich erwähnte, dass ich Vijay am folgenden Tag zum Mittagessen treffen würde und dass ich dies dann auch mit ihm besprechen würde. Er hatte keinen Moment zusammengezuckt als es darum ging, mit einem pinkfarbenen Auto Rennen zu fahren und mit der Häme der Paddock-Aristokratie leben zu müssen, die oft genug die Nase über diesen Teil des Fahrerlagers rümpft und hinter vorgehaltener Hand von diesem Teil des Fahrerlager als Ghetto sprach.

Andys Reaktion hat mich sehr ermutigt, nicht zuletzt, weil ich ihn schätze. Ich war auch gar nicht überrascht, als ich am nächsten Morgen seine E-Mail erhielt, in der bestätigt wurde, dass Force India die Idee dieses Titelsponsors weiterverfolgen möchte, und fragte mich, ob er in dieser Angelegenheit etwas tun müsse. Er wiederholte noch einmal den Zeitfaktor, wenn vor dem Grand Prix von Melbourne eine Einigung erzielt werden sollte.

☆

Am Montag, den 20. Februar 2017, hatte ich meine Verabredung zum Mittagessen mit Vijay Mallya, die wir ungefähr eine Woche zuvor vereinbart hatten. Da Nico einige Wochen zuvor zum Renault Team gewechselt hatte, versorgten sie ihn, wenn er in Großbritannien war immer mit einem Fahrzeug, damit er zum Werk in Enstone fahren konnte. Da sein Abschied von Force India noch nicht lange her war fragte ich ihn, ob er zum Mittagessen mitkommen wolle. Es würde bestimmt ein unterhaltsames Mittagessen werden und für mich wäre eine Autofahrt ins Nirgendwo viel bequemer als der Zug. Nico war etliche Jahre für Force India gefahren und die sogenannten Fahrerlager-Experten gingen davon aus, dass die Trennung freundschaftlich war. Ich war daher ehrlich über sein abruptes „auf keinen Fall!“ überrascht. Vijay wäre eine Person, die dir direkt ins Gesicht schaut und dir etwas zusagt, aber in dem Moment, in dem du ihm den Rücken zudrehst genau das Gegenteil macht - ohne den geringsten Skrupel. Also war es doch der Zug für mich.

Das Mittagessen sollte auf Ladywalk, Vijay Mallyas Zuhause in Hertfordshire, stattfinden. Er hatte es von Lewis Hamilton gekauft, dessen Vater Anthony es mit dem Geld seines Sohnes als herrschaftlichen Wohnsitz der Familie Hamilton in Großbritannien erbauen ließ. Lewis mochte es nicht und Gerüchte besagten, dass dieses kolportierte 10-Millionen-Pfund-Anwesen einer der Gründe für eine Eiszeit zwischen ihm und seinem Vater war. Dieser zu Stein gewordene Albtraum war so weit von Lewis Designverständnis entfernt, aber für Vijay war es absolut richtig. Neben dem ziemlich großen Hauptgebäude in einer Art neogriechischem Mischmasch befand sich ein separates Gebäude für die Autos, die Vijay im Laufe der Jahre gesammelt hatte. Er liebte es damit vor seinen Gästen anzugeben.

Ich nahm den Zug von London und Vijay traf Vorkehrungen, dass sein Chauffeur mich vom örtlichen Bahnhof Welwyn North abholte. Das Auto war ein älteres S-Klasse Modell, das ein sehr bedenkliches Motorengeräusch machte, was mich sehr an der Zuverlässigkeit zweifeln ließ. Was für eine Ironie, wenn wir eine Panne gehabt hätten und den Wagen den Rest des Weges bis zu Vijays Haus hätten schieben müssen.

Bei meiner Ankunft in Ladywalk wurde ich ins Wohnzimmer geführt und setzte mich. Einer der Angestellten kam und fragte, ob ich etwas trinken möchte. Um der guten alten Zeiten willen ließ ich mir ein Kingfisher Bier bringen. Kurz danach kam Pinky ins Zimmer gefolgt von Abdul, Vijays Butler. Ich kenne Vijays Freundin jetzt schon eine ganze Weile, also haben wir uns sehr freundlich gegrüßt. Wir plauderten über persönliche Dinge. Sie fragte, wie es meiner Tochter gehe. Ich fragte nach, wie Vijay damit umging in Großbritannien „eingesperrt" zu sein, weil die indische Regierung seinen Pass widerrufen hatte und seit geraumer Zeit versuchte ihn von Großbritannien nach Indien auszuliefern zu lassen, wo etliche Anklagen wegen Betrugs gegen ihn anhängig waren.

Pinky sagte, dass sie jetzt wegen der schwierigen rechtlichen Situation selten nach Indien reisen würde und ihre Familie daher kaum sieht – auch weil ihre Angehörigen nicht gerne ins Ausland reisen. Wir gingen dann in die Küche und nahmen auf Barhockern an der zentralen Kücheninsel Platz. Nach seiner Aqua-Yoga-Stunde kam Vijay dazu. Es gab einen direkten Zugang von der Küche über eine Treppe zum Poolbereich.

Er freute sich sehr, mich zu sehen; wie auch ich mich freute, ihn zu sehen. Wir setzten uns und aßen – und Überraschung, Überraschung – es gab Croque Monsieur. Wann hatte es Croque Monsieur in Großbritannien an die Spitze der Mittagsmenüs geschafft? Jedenfalls war es ein komplettes Déjà-vu meines

Mittagessens mit Nico und Andy Stevenson vom Tag zuvor. Wir unterhielten uns über dies und jenes – banaler Smalltalk – aber nett. Vijay kennt meine Mutter gut und fragte, wie es GM gehe. Das war ein Running-Gag, da GM für „Großmutter" steht und meine Mutter das hasst, aber es steht auch für „General Manager“ oder Chef - und das mag sie wiederum sehr. Während des Mittagessens erhielt er einen Anruf und empfing und sendete pausenlos Nachrichten; die übliche Situation bei ihm.

Nach dem Essen zogen Vijay und ich um und kamen in der Tür zwischen Küche und Wohnzimmer zum Stehen. Ich sagte ihm, dass ich zusammen mit meinem Geschäftspartner eine Chance sehen würde Force India einen bedeutenden Titelsponsor zu bringen, aber dass es die Grundvoraussetzung dieses potenziellen Sponsors sei, dass die Grundfarbe des Force India Autos in Pink geändert werden müsse. Kein Pink - kein Deal! Punkt! Ich sagte ihm, wir hätten den Deal bereits Sauber vorgestellt, und obwohl sie wirklich scharf auf das Geld waren, sei der Deal aus vertraglichen Gründen nicht zustande gekommen. Sauber konnte nicht zustimmen mit pinken Autos zu fahren und deswegen würden wir nun diese Gelegenheit Force India anbieten. Ich fragte ihn, ob dies für Force India von Interesse sei und er das Vorhaben unterstützen würde. Ich sagte, dass ich Andy am Vortag getroffen hatte und er es für eine fabelhafte Idee hielt. Vijay bestätigte, dass Force India interessiert sei und dass ich die Angelegenheit mit der Verkaufsabteilung und Stephen Curnow besprechen sollte, um die Bedingungen zu vereinbaren. Es war offensichtlich, dass wir sehr schnell vorankommen mussten, wenn der Deal etwas werden sollte. Mitte Februar war bereits rum und die Autos mussten für den Saisonauftakt spätestens Mitte März nach Melbourne geflogen werden. Ich sagte, dass ich nicht glücklich wäre, mit seiner Verkaufsabteilung zu verhandeln und dass ich es vorziehen würde mit ihm direkt zu verhandeln, da ich diesen Curnow nicht besonders mochte. Er hatte bei einer früheren Angelegenheit einen schlechten Nachgeschmack hinterlassen. Vijay sagte, ich müsse mich mit seinen Leuten zusammensetzen, da er sich nicht selbst um die Details kümmere, und dann dachte ich mir: „Scheiß drauf, wen interessiert das? Wenn dieser Deal durch ist habe ich einige Millionen auf dem Konto 🤑 und für diese Aussicht werde ich die Kröte schlucken, und auch mit jemandem verhandeln, der die Ausstrahlung und Integrität hat wie Cypher aus the Matrix.

Ich machte sehr deutlich, dass dieser Deal nicht umsonst war. Warum sollte er es auch sein? Ich habe nicht mehr für das Team gearbeitet! Mein Partner und ich erwarten, dass eine Einführungsgebühr auf Basis des Gesamtbetrags gezahlt wird, den der Sponsor nach Vertragsabschluss an das Team überweist. Angesichts der Tatsache, dass wir hier von einem mehrjährigen Deal über 15 bis 20 Millionen Euro pro Jahr sprechen, war es offensichtlich, dass unsere Gebühr erheblich sein würde. Vijay bestätigte, dass dies „in Ordnung“ sei und dass „natürlich nichts umsonst ist“. Er bestätigte, dass wir angemessen vergütet werden würden. Er bestätigte, dass ich von „seinen Leuten“ kontaktiert werden würde, um die verschiedenen Einzelheiten zu klären.

Das Mittagessen ging zu Ende, da ich den Zug zurück nach London erreichen wollte. Wir diskutierten kurz, ob ich diesen nehmen sollte oder den nächsten, aber da wir keine Gesprächsthemen mehr hatten und ich auch nicht länger bleiben wollte, da Vijay ein anstrengendes Gegenüber ist, wurde der Chauffeur gerufen, um mich zur Bahnstation zu bringen. Ich verabschiedete mich und ging. Auf dem Weg nach draußen traf ich Daljit Mahal, eine von Vijays persönliche Assistentinnen. Wir hatten ein kurzes Gespräch. Ich zog Daljit immer damit auf, dass sie den größten Teil ihres persönlichen Lebens damit verbrachte, sich um Vijay zu kümmern – oder auf gut deutsch: sie trug ihm den Arsch hinterher. Er hatte auch noch eine andere persönliche Assistentin in Indien als er noch oft auf Reisen war. Wegen seines Passproblems jedoch, das ihn in Großbritannien festhielt, hatte sie wahrscheinlich noch weniger Freizeit, sagte ich scherzhaft. Der

Chauffeur fuhr vor und es ging zurück zum Bahnhof. Fünf Minuten später stieg ich in den Zug.

Auf dem Weg zurück nach London berichtete ich Emanuel sofort über mein Gespräch mit Vijay: Es sei sehr gut gelaufen und Vijay habe zugestimmt, die Farbe des Rennwagens in Pink zu ändern und eine Provision für die Einführung des Sponsors auf die Gesamtsumme des Deals zu zahlen, die das Team erhaltenen würde. Emanuel war erfreut und erleichtert. Uns beiden war bewusst, dass dies der dringend benötigte Geldregen für Force India sein würde, um das Team am Leben zu erhalten und die gesamte Saison 2017 durchzustehen, nachdem Gerüchte laut geworden waren, dass Force India eines der Teams sein könnte, das es möglicherweise nicht nach Melbourne schaffen würde. Emanuel war euphorisch, dass nun aufgrund ihrer Bereitschaft eines Wechsels zu pink, in Einklang mit den Budgetvorstellungen des Sponsors, der Deal nun höchstwahrscheinlich zustande kommen würde.

Schließlich ließ er den Namen des potenziellen Sponsors aus dem Sack: BWT. Obwohl ich selbst halb Österreicher bin, sagte mir BWT null, aber Emanuel erklärte, dass BWT das führende europäische Wassertechnologieunternehmen sei, mit Hauptsitz in der Nähe von Salzburg. Er erzählte mir auch, dass BWT der Sponsor des Mercedes-Teams in der DTM war und kürzlich Sponsor des Hahnenkamm-Rennens in Kitzbühel geworden war, dem Monaco des Skirennzirkus. Ich fragte ihn, ob er ganz sicher sei, dass BWT sich ein Sponsoring in der Formel 1 dieser Größe leisten könne. Ich war skeptisch, aber er versicherte mir, dass sie sich so einen Sponsorenauftritt auf jeden Fall leisten könnten, da ihr geschätzter Jahresumsatz etwa 800 Millionen Euro betrug.

Später am selben Tag teilte mir Emanuel mit, dass der Marketingchef von BWT, Lutz Hübner, zu ihm sagte, wenn Force India bereit wäre, 12,5 Millionen Euro im ersten Jahr (2017), 15 Millionen Euro im zweiten Jahr (2018) und 15 Millionen Euro im dritten Jahr zu akzeptieren (2019), könne ein Sponsorenvertrag sofort unterzeichnet werden. Lutz Hübner sagte ihm, er erwarte ein sofortiges Feedback von Force India und dass er nun liefern müsse, weil der gescheiterte Sauber-Sponsorendeal eine kaum wiedergutzumachende Enttäuschung gewesen sei.

☆

 ♣

 ♠

 ♦

 ▲

Total - €25.75m BWT MAGNESIUM MINERALIZED WATER ●

♣ 2017 Nico Hülkenberg @London; ♠ 2017 Vijay Mallya @Ladywalk; ♦ 2017 Nico Hülkenberg @London; ▲ 2017 Renault Car Launch @London; ● 2017 Force India Sponsorenpreisliste

Am Dienstag, den 21. Februar war ich immer noch in London. Am Vormittag machten Nico und ich uns auf den Weg zu den Royal Horticultural Halls wo Renault sein Auto für die Formel 1 Saison 2017 vorstellen wollte. Ich hatte mein Gepäck dabei, stellte es im Backstage-Bereich in eine Ecke und war auch schon unterwegs nach Marylebone, wo ich gegen 10.15 Uhr mit einer alten Schulfreundin im Le Pain Quotidien verabredet war.

In den frühen Morgenstunden dieses Tages hatte ich Andy Stevenson bereits drei E-Mails geschickt, in denen er über die Entwicklungen und Bedingungen des möglichen Sponsor-Deals informiert wurde, mit einer Kopie der Mandatsvereinbarung, die Emanuel mir am Vortag zugesandt hatte. In dieser Mandatsvereinbarung waren die Provisionsbedingungen für den geplanten Deal festgelegt - der Sponsor wurde jedoch noch nicht identifiziert. Wir hatten beschlossen, Force India für die ersten 12,5 Millionen Euro, die vom Sponsor investiert wurden einen Deal von 15% p.a. anzubieten, gefolgt von 12% p.a. darüber hinaus. Dies schien angemessen in Anbetracht der Dimension dieses Sponsorenvertrags mit einem Team dessen Erfolg besser war als sein Ruf: aus Sponsorensicht waren die Eigentümer nicht unbedingt vertrauenswürdig: Vijay Mallya wurde von der indischen Regierung des Betrugs beschuldigt und Miteigentümer Subrata Roy war wegen einer ähnlichen Straftat häufiger „Gast" in diversen indischen Gefängnissen.

Es scheint, dass Andy meine drei E-Mails an Otmar Szafnauer, den COO des Teams, weitergeleitet hatte. Später am Morgen schickte Curnow mir eine E-Mail, in der er bestätigte, dass Vijay darum bat, die Angelegenheit zu verfolgen. Er versuchte den Namen des Sponsors abzugreifen und die Gründe, warum Sauber diesen Deal abgeblasen hatte. Er sagte mir, dass er auf WhatsApp erreichbar sei, sollte diese Kommunikationsschiene schneller gehen, und gab mir seine Nummer. Ich leitete dann zwei E-Mails an Curnow weiter, die ich zuvor an Andy gesendet hatte. Diese enthielten eine Kopie des Mandatsvertrags und die E-Mail von

Emanuel, in der die vorgeschlagenen Bedingungen dargelegt waren. Ich schickte ihm auch eine weitere E-Mail, um zu überprüfen, ob er alles erhalten hatte, und fragte, ob wir zu Mittag UK Zeit telefonieren könnten. Kurz nachdem er die Uhrzeit bestätigt hatte, antwortete er mir, dass ich ihn am Handy anrufen könne.

Stattdessen rief Curnow mich bereits vor der vereinbarten Zeit auf meinem Handy an. Er war so aufgedreht und wollte die Sache mit aller Kraft vorantreiben. Wir hatten ein kurzes Gespräch - nicht viel länger als 5 Minuten, da ich meine Schulfreundin nicht vor den Kopf stoßen wollte: wir hatten uns seit längerem nicht gesehen und ich hatte bereits zwei Anrufe innerhalb von 10 Minuten angenommen: einen von Heineken und einen von Curnow. Ich erinnere mich, mich bei ihr entschuldigt zu haben, dass ich beide Anrufe entgegennehmen musste, da sie sehr wichtig waren. Timing ist manchmal eine seltsame Sache: Es gibt Tage, an denen nichts passiert. An denen Daumendrehen die einzige Beschäftigung ist. Und dann gibt es diese anderen Tage, an denen eine Informationsflut über einen hereinbricht. Massenhaft Anrufe, die man annehmen muss, E-Mails die man beantworten muss und WhatsApp-Nachrichten, auf die man reagieren muss.

☆

Curnow begann das Gespräch mit der Aussage, dass es gut sei, mit mir zu sprechen, und dass es schien, als hätten wir hier eine großartige Gelegenheit, einen potenziellen Sponsor für Force India an Land zu ziehen. Wir hatten seit über einem Jahr nicht mehr miteinander gesprochen. Der Anruf klang positiv. Er fragte mich nach dem Namen des Unternehmens, den ich ihm erst mitteilte, als wir die E-Mails besprochen hatten, die ich ihm an diesem Morgen gesendet hatte, und er die Mandatsvereinbarung in Bezug auf unsere Vermittlungsgebühr erhalten und gelesen hatte. Dies waren unsere kommerziellen Bedingungen und nur wenn das in Ordnung ginge, würden wir die Dinge vorantreiben. Er hat zu keinem

Zeitpunkt Probleme mit unseren Bedingungen geäußert oder versucht, das Provisionsniveau zu drücken. Ich habe ihn ausdrücklich gefragt, ob er im Namen von Force India diesen Bedingungen zustimmt, was er bestätigte.

Daraufhin sagte ich ihm, dass das Unternehmen BWT sei und ich erklärte, dass es sich um ein Wassertechnologieunternehmen aus Österreich handele. Weiter ins Detail ging ich nicht.

Ich betonte, wie wichtig es für BWT ist, dass die Grundfarbe des Autos pink sei und das alles sehr schnell gehen müsse, wenn der Deal vor dem ersten Grand Prix von Australien abgeschlossen werden soll. BWT hatte offensichtlich vor, in Melbourne mit einem pinkfarbenen Auto für Furore zu sorgen. Pink würde zweifellos Schlagzeilen machen - zumindest bis zum Qualifying, wenn die übliche Hackordnung wieder hergestellt wäre. Force India musste einige Entwürfe entwickeln, die wir BWT vorlegen konnten. Curnow sagte, dass er sehr schnell handeln würde und wir uns keine Sorgen machen sollten, aber dass es notwendig sei, ein gewisses Maß an Vertrauen in dieser Situation zu haben. Er war so scharf darauf, diesen Deal an Land zu ziehen, dass ich mir vorstellte, wie er auf seinen Schreibtisch sabberte.

Nach dem Anruf habe ich Curnow über WhatsApp einen Link[8] zur Homepage von BWT gesendet. Ungefähr 20 Minuten später erhielt ich eine Nachricht von ihm, in der er mich fragte, ob sich BWT wirklich 12,5 Mio. EUR leisten könne. Ich versicherte ihm, dass sie das könnten. Wir hatten dann einen weiteren Austausch auf WhatsApp, wo es um diesen spezifischen BWT-Pinkton ging was für die Erstellung eines Designs essentiell war. Er hatte sich die BWT-Webseite angesehen, wo eine Vielzahl von unterschiedlichsten Pinktönen zu sehen war. Ich sagte ihm ich würde den richtigen Farbcode beschaffen. Curnow bestätigte auch, dass „Leslie sich um die Vereinbarung kümmert". Leslie Ross ist die

---

[8] unluckyclown.tiny.us/chatSC

interne Rechtsberaterin von Force India und hat das aktualisierte Mandat um den Namen des potenziellen Sponsors ergänzt: BWT!

Ich verließ Marylebone und fuhr mit dem Bus zurück zum Renault-Event und kam so gegen 12.45 Uhr dort an. Während ich im Bus war telefonierte ich kurz mit Emanuel. Er teilte mir mit, dass BWT im Falle eines Vertragsabschlusses mit Force India eine Ausstiegsklausel nach einem Jahr forderte. Das lag daran, dass sie weder etwas über das Team, noch viel über die Formel 1 wussten.

☆

Ich hatte dann einen zweiten, längeren Anruf von Curnow während der Renault-Veranstaltung. Ich erinnere mich, dass viele Gäste und Journalisten die ich kannte um mich herumstanden, also suchte ich einen privateren Ort zum Reden. Ich setzte mich in den VIP-Bereich. Curnow versuchte, mehr Informationen über BWT aus mir herauszuholen, um einen konkreten Entwurfsvorschlag für sie zu erstellen. Ich sagte, der Sauber-Deal sei gescheitert, da sie Pink als Grundfarbe ihres Autos nicht zusagen konnten, was genau der Schlüssel zu BWT sei.

Ich habe auch die Frage angesprochen, ob BWT eine Ausstiegsklausel nach einem Jahr in dem vorgeschlagenen Dreijahresdeal einbauen könnte. Ich erklärte, dass BWT sich auf unbekanntes Terrain wage, da sie weder Force India kannten noch wussten, wie das Team funktionierte – und wahrscheinlich auch, um zu sehen, wie sich die rechtliche Situation der beiden Eigentümer entwickelte. Beide Eigentümer im Knast wäre ein Ausschlusskriterium. Curnow lehnte diesen Vorschlag nicht grundsätzlich ab, sagte mir aber, dass es einen triftigen Grund für Force India geben müsse, eine solche Vertragsbedingung in Betracht zu ziehen. Wir haben den ganzen Tag über WhatsApp-Nachrichten ausgetauscht, darunter eine von ihm, in der stand: „Ich bin einverstanden, die 15 Prozent zu zahlen, wenn ein 3-Jahres-Vertrag ohne Pausen abgeschlossen würde." Und noch eine, die besagt: „Glaubst du, wir können das abschließen?" Und: "Kannst du denen vorschlagen, uns am Freitag entweder in Paris oder in Genf zu treffen", „Oder Berlin"!

Die wirklich wichtige WhatsApp kam am Nachmittag und lautete: „Vijay hat alles genehmigt. Wir werden mit pinken Seitenkästen und pinken Linien auf einem silbernen Auto fahren. Die Uniformen werden pink, schwarz und silber sein." Diese Nachricht war ein eindeutiges Indiz dafür, dass Vijay alles in Bezug auf den Deal den wir vorgeschlagen hatten, abgesegnet hatte. Es war die abermalige Bekräftigung dessen, was er mir bereits bei unserem Gespräch beim Mittagessen bestätigt hatte: dass wir für die Einführung des Sponsors bezahlt werden würden. Ich war zu tausend Prozent davon überzeugt, dass Vijay sein Wort halten würde. Ich hätte mir im Traum nie vorstellen können, dass ich es offensichtlich mit einem erbärmlichen Schurken zu tun hatte, und Nico mit seiner Einschätzung von Vijays Charakter goldrichtig lag. Was mich in diesem Augenblick wirklich beschäftigte, war Curnows Botschaft, dass Force India allem Anschein nicht davon ausging, dass ihr Auto komplett pink sein würde. Das war jedoch die Grundvoraussetzung für einen Sponsorenvertrag mit BWT. Aus diesem Grund habe ich ihm mehrere WhatsApp-Nachrichten gesendet, in denen ich die absolute Notwendigkeit hervorhob, dass das gesamte Auto pink sein müsse. Kein Pink, keine Pinkepinke! Um 18.11h antwortete Curnow: „Wir werden pink !!!" Später am Abend, um 18.56h, erhielt ich eine E-Mail von ihm, mit einem Bild des BWT Team Kits und den Worten: „Der Start !!!!!". Er bestätigte dies auch über WhatsApp und teilte mir mit, dass Force India für die von BWT gewünschten Designs einen Preis von 15 Millionen Euro festlegte. Ich habe nicht sofort auf diese Nachrichten geantwortet, weil ich im Flieger nach Hause saß. Wir waren uns einig, am nächsten Tag ab 7.30h zu sprechen.

☆

Am 22. Februar 2017 hatte ich unzählige Telefongespräche mit Curnow. Am Morgen zwei Anrufe mit ihm und ich erinnere mich, dass sein Handyempfang so schlecht war, dass wir uns mehrmals Wiederanrufen mussten. Wir diskutierten Nachrichten und E-Mails aus der vergangenen Nacht - über das Design und den Wechsel zu einem pinken Auto, allerdings mit einem schwarzen Front- und Heckflügel.

Er erklärte mir, dass sie aus vertraglichen Gründen mit Johnnie Walker nicht das gesamte Auto auf Pink umstellen könnten, da Diageo mehr bezahlen würde als BWT anbot und niemals zustimmen würden, ihr Logo auf einem pinken Untergrund zu sehen. Er sagte, sein Team arbeite an Entwürfen und er würde sie dann an mich schicken, damit ich sie an BWT weiterleiten könne. Er erzählte mir auch, dass der Inhaber von BWT (dessen Name er nicht kannte) Toto Wolff, Teamchef und CEO des Formel-1-Teams von Mercedes AMG Petronas, direkt kontaktiert hatte, um sich nach Force India zu erkundigen: ob es sich bei Force India um ein Team handelt, mit dem BWT in Zusammenhang gebracht werden möchte. Er erwähnte, dass auch Otmar Szafnauer Toto Wolff angerufen habe, um zu erfragen, ob wiederum BWT ein legitimes Unternehmen sei, und ein positives Feedback von diesem erhalten habe.

Am Nachmittag dieses Tages wollte sich Emanuel mit Lutz Hübner in den Geschäftsräumen von BWT in Aesch, Schweiz, treffen, um weitere Details des Deals durchzusprechen. Ich hatte Emanuel bereits die ersten Entwürfe von Force India geschickt damit er sie Lutz Hübner bei ihrem Meeting zeigen konnte. Emanuel rief mich während dieses Treffens an und übergab sein Handy an Lutz Hübner, damit ich direkt mit ihm sprechen konnte.

Dies war das erste Mal, dass ich mit ihm gesprochen habe. Emanuel hatte ihm die Visualisierungen des Rennwagendesigns gezeigt, die Force India uns zur Verfügung gestellt hatte und Lutz Hübner war ungehalten und sehr verärgert darüber was Emanuel ihm da von der Force India-Designabteilung vorlegte. Es war ein pinker Rennwagen mit einem schwarzen BWT-Logo auf den Seitenkästen. Banaler ging es nicht! Lutz Hübner hatte ganz andere Erwartungen. Er wollte mehr, viel mehr: Das BWT-Logo auf den Seitenkästen in Blau und das Magnesium Mineralized-Water-Logo, sowie die BWT Luftblasen an prominenten Positionen auf dem Auto - und viele weitere BWT-Logos - überall! Er erzählte mir, dass er erwartet hätte, dass Force India ihm genau das Rennwagendesign liefern würde, das sein Marketingteam entwickelt hatte, und dass er uns am Vortag gesendet hatte, um es wiederum an Force India weiterzuleiten und umgehend Rückmeldung zu erhalten. Das Feedback von Force India war seiner Meinung nach „absoluter Mist".

Lutz Hübner nannte sein eigenes Rennwagendesign: „Die Sensation der neuen F1-Saison." Und nichts weniger erwartete er auch für das Geld, das BWT bot. Er sagte mir, dass Force India liefern müsse was er will, sonst würde der Deal platzen. Wie eine Seifenblase! Ich sagte ihm, ich würde mein Bestes tun, um Force India von dem Design zu überzeugen, das er wollte. Ich erklärte ihm, dass Formel-1-Teams normalerweise nicht zulassen, dass sich externe Quellen in ihr gesamtes Rennwagendesign einmischen. Ich erklärte ihm, dass Teams sehr strickt wären in Bezug auf bestehende Verträge mit anderen Sponsoren und ihre eigene Corporate Identity, und dass Sponsoren lediglich für verschiedene Branding-Spots auf dem Rennwagen zahlen - nicht mehr und nicht weniger. Ich habe Lutz Hübner erklärt, dass die Formel 1 nicht die DTM sei. Hier die Königsklasse des Motorsports - dort eine stinknormale Rennserie! Ich sagte ihm, dass es aufgrund der Summe, die BWT in den Raum gestellt hatte, kein leichtes sein würde Force India von seinem Design zu überzeugen. Aber es wäre nicht aussichtslos, da es immer noch ein bedeutender Betrag war - und für Force India das Geld überlebenswichtig wäre, denn seit Liberty Media die Formel 1 übernommen hatte war Schluss mit Bernies „Zwischenfinanzierung" für marode Teams! Ich sagte ihm, ich würde mein Bestes geben, um Force India für BWT zu verwirklichen. Gebetsmühlenartig wiederholte Lutz Hübner immer wieder, dass wenn Force India nicht das gewünschte liefern würde, der Deal geplatzt sei. Wenn wir – Emanuel und ich - den Deal durchziehen wollen, müssen wir uns beweisen und sicherstellen, dass Force India liefert. Wenn nicht, dann war es das! Punkt um!

Emanuel rief mich nach dem Treffen mit BWT an, um mich auf dem Laufenden zu halten und um mein eigenes Gespräch mit Lutz Hübner zu reflektieren - und am aller wichtigsten: unsere nächsten Schritte zu diskutieren. Es war ein ungemütliches Gefühl eine Situation zu haben, die den gesamten Deal gefährden könnte, wenn wir nicht schnell handeln würden. Emanuel erzählte mir, dass Lutz Hübner Andreas Weissenbacher von seinem eigenen Handy aus angerufen hatte, um ihm brühwarm mitzuteilen, wie unglücklich er mit dem Force India-Design war das Emanuel ihm gezeigt hatte. Andreas Weissenbacher schien die Position seines Marketingexperten in Bezug auf Designs und Logopositionen zu teilen, sodass wir wussten, dass das, was Lutz Hübner wollte, in Stein gemeißelt war und er nicht einen Millimeter flexibel sein würde. Er war der Entscheider und wir mussten liefern. Emanuel hatte aus dem Sauber-Deal gelernt, wie schnell Alles auseinanderfallen konnte. Wir diskutierten, dass wir einen geeigneten Kompromiss finden müssen, der jedoch weitestgehend den Erwartungen von BWT an das Renndesign entsprach. Wir waren uns einig, dass ich einen Weg finden muss, um Force India dazu zu bringen, viel mehr von dem zu liefern, was Lutz Hübner verlangte. Andernfalls würde der Deal scheitern. Unsere Chance, einen der lukrativsten Sponsoren-Deals in der Formel 1 seit vielen Jahren abzuschließen, könnte in Rauch aufgehen. Wir mussten sicherstellen, dass Force India nicht denselben Fehler macht wie Sauber.

Am späteren Nachmittag schickte mir Curnow eine E-Mail, in der er bestätigte, dass Force India das „Farblogo erstellen und „Bubbles“ auf den Seitenkästen PLUS ein Logo auf dem Frontflügel für 15 m E in Erwägung ziehen würde.“

Anschließend schickte ich eine E-Mail an Lutz Hübner, in der ich ihm Curnow vorstellte, und fügte eine Kopie der „gültigen“

Force India-Preisliste bei, die Curnow mir zuvor am Tag geschickt hatte, um sie an BWT weiterzuleiten. Die von Force India zur Verfügung gestellte Preisliste ergab einen Gesamtpreis von 25,75 Millionen Euro pro Jahr für den Deal. Ich habe in der E-Mail darauf hingewiesen, dass bei einem Budget von „nur" 12,5 Millionen Euro nicht alles realisierbar sei und die Preisliste ihm eine bessere Vorstellung davon geben sollte, wie hoch die Kosten für Sponsoren mit BWT-Anforderungen tatsächlich sind.

Ich habe versucht, den Deal in die richtige Richtung zu bringen – die Realitäten aufzuzeigen. Der Deal schien plötzlich auf Messers Schneide zu stehen. Ich wollte daher einen Dialog starten, ohne Lutz Hübner oder Force India vor den Kopf zu stoßen. Es war offensichtlich, dass beide Parteien in Bezug auf das Design für die im Raum stehende Summe kilometerweit voneinander entfernt waren. Beide auf eine Seite zu ziehen, war nun die Herausforderung. Ich wusste, dass die von Curnow bereitgestellte Preisliste die Marktpreise eines solchen Sponsorings für ein Team wie Force India widerspiegelte. Theoretisch. Wenn aber das Wasser bis zum Hals steht ändert das natürlich die Situation. Force India hätte gerne 25,75 Millionen Euro pro Jahr, um die Erwartungen von BWT zu erfüllen, was in keinster Weise mit dem Budget in Einklang stand das BWT in die Sponsoring Arena werfen wollte. Trotzdem beharrte Lutz Hübner darauf, dass es ihr Entwurf war - oder nichts.

Kurz nach dem Senden dieser E-Mail rief mich Emanuel an und sagte Lutz Hübner hätte ihn gerade kontaktiert und sei auf Hundert gewesen, da er die Force India-Preisliste erhalten hatte. Diese Zahlen wären meilenweit davon entfernt von dem, was BWT für das Angebot auf dem Tisch hielt. Emanuel sagte mir, dass auch er sehr verärgert sei und bat mich, Curnow anzurufen, um zu sehen, was ich tun könnte, um die Situation zu retten. Sonst könnte der Deal ganz schnell an der Wand enden. Nach meinem Gespräch mit Emanuel rief mich auch noch Lutz Hübner an - immer noch wütend. Er sagte, dass der Deal nun nicht zustande kommen würde. Er fragte, wie es möglich sei, dass Force India sich erdreiste, solche Zahlen in den Raum zu stellen, wenn man doch ganz genau wüsste, dass BWT im ersten Jahr nur 12,5 Millionen Euro und in den Folgejahren 15 Millionen Euro hätte. Ich habe Lutz Hübner beruhigt und gesagt, BWT sollte den Zahlen von Curnow nicht zu viel Bedeutung beimessen. Wenn es ums Geld geht, wäre die Formel 1 nicht besser als irgendein lausiger Teppichbasar im hintersten Orient, und feilschen das Spiel des Augenblicks sei. Ich sagte ihm, wenn ich BWT wäre, würde ich den Deal noch nicht verloren geben. Ich sagte, ich würde persönlich noch einmal mit Force India sprechen und sehen, wie die ganze Situation gerettet werden könnte.

Ein weiteres Problem für Lutz Hübner war der zweifelhafte Ruf von Vijay Mallya in den Medien und die möglichen Auswirkungen auf einen Sponsor. Er hatte natürlich selbst etwas recherchiert, was die Situation von Vijay betraf, und welche Auswirkungen diese Situation auf jedes der Unternehmen haben könnte, an denen dieser beteiligt war. Sollte ein Sponsor wirklich Geld in ein Team investieren, dessen Teilbesitzer von der indischen Regierung wegen Finanzverbrechen für schuldig befunden wurde und seine Auslieferung aus Großbritannien beantragt hatte? Würden die negativen Aspekte einer solchen Investition nicht überwiegen und BWT in den Strudel der negativen Presse geraten?

Ich setzte mich wieder mit Curnow in Verbindung und teilte ihm mit, was geschehen war: die Force India Zahlen würden das Verhandlungsklima vergiften und einen Abschluss unwahrscheinlich machen und bat ihn eingehend, die Position in Bezug auf die aufgerufenen Summen zu klären. Es war am frühen Abend, als Curnow mir eine E-Mail schickte - die auch an Lutz Hübner kopiert wurde - mit der Bestätigung: „12,5 m im Jahr 1, 15 m ab dem 2. Jahr“. WOW, ich habe den Deal gerettet!

☆

In den nächsten Tagen fungierten Emanuel und ich weiterhin als Vermittler zwischen BWT und Force India. Ich sprach regelmäßig mit Curnow und Lutz Hübner. Lutz Hübner wollte alles über Force India wissen, um nicht in eine Situation mit schrecklichem Ende zu geraten, während Curnow immer wieder die Bestätigung von mir brauchte, dass die Dinge auf dem richtigen Weg waren. Während meiner verschiedenen Telefonate mit Curnow bat ich ihn immer wieder, der Vollständigkeit halber, eine unterschriebene Kopie der Mandatsvereinbarung zurückzusenden. Er antwortete mir immer in dem Sinne, dass die Bedingungen vereinbart waren, es also nur eine reine Formalität war und dass das unterzeichnete Mandat auf dem Weg sei. Er sagte mir, ich solle mir keine Sorgen machen, dass ich ihm 100% vertrauen könnte. Mir wurde vermittelt, dass sich um das Mandat gekümmert wird aber von jemandem unter ihm. Er sagte mir, dass Force India sich darauf konzentrieren müsse, den Deal über die Ziellinie zu bringen, was das ultimative Ziel sein müsse - und dies die Grundlage für den Erhalt einer Provision war. Das Mandat war einfach eine Formalität und Leslie Ross würde alles klären und uns diese so schnell wie möglich zusenden. Curnow bestätigte auch im WhatsApp-Chat: „Bitte mach dir keine Sorgen. Das Mandat ist sicher. Im Moment müssen wir 1000 Dinge tun, um den Deal erfolgreich abzuschließen. Mach dir keine Sorgen.“

Mach dir keine Sorgen! Ich war besorgt! Aber die Alarmglocken waren immer noch leise, denn am Ende war Vijay derjenige im Hintergrund - der ultimative Entscheidungsträger. Ich habe ihm blind vertraut. Vijay war ein Freund!

☆

Am nächsten Morgen leitete mir Curnow eine überarbeitete Darstellung des vorgeschlagenen Designs für das Auto weiter, die ich wiederum an Emanuel weiterleitete. Und eine weitere E-Mail die auch an Lutz Hübner und Emanuel ging, in der praktische

Punkte bestätigt wurden, um sicherzustellen, dass alles für den Launch am 23. März in Australien bereit war. Er wies darauf hin, dass die „Angelegenheit“ bis Freitag erledigt sein müsse, damit die neuen Teamuniformen rechtzeitig geliefert werden könnten. Anschließend schickte ich eine E-Mail an Lutz Hübner und Curnow, die ich auch an Emanuel und Andreas Weissenbacher kopierte, und drückte meine Hoffnung aus, dass eine gemeinsame Basis für die Zusammenarbeit gefunden wird. Ich bezog mich auch auf Telefonate mit Lutz Hübner und fasste die bisherigen Positionen der beiden Parteien zusammen: wie viel BWT bereit war auszugeben und welche Werbemaßnahmen das Unternehmen für sein Geld erwartete.

Am nächsten Tag kommunizierte ich weiter via E-Mail und WhatsApp mit Curnow. Um 11.48h verschickte Curnow eine E-Mail an die Beteiligten - sprich Emanuel, Lutz Hübner, Andreas Weissenbacher und mich, mit einem überarbeiteten Design. Kurz darauf folgten weitere Entwürfe, die er vollmundig als „das große Finale“ bezeichnete!

Noch am selben Abend schickte ich eine E-Mail an Curnow und bat ihn erneut, die verdammte Mandatsvereinbarung zu unterzeichnen und zurückzuschicken, und fügte eine weitere Kopie bei. Ziemlich sofort nach Erhalt dieser E-Mail antwortete Curnow, dass er im Auto war, aber in Kürze anrufen würde und dass eine „große Entscheidung anstünde“. Da Emanuel dieses Dokument unbedingt haben wollte, fragte ich immer wieder danach und ärgerte mich bereits innerlich über die Beiden. Ich hielt es für eine reine Formalität, da mir der Deal bereits bestätigt worden war. Und das war gut genug - dachte ich mir. Ich hatte unzählige E-Mails, in denen bestätigt wurde, dass unser Mandat sicher war. Ja, ein unterschriebener Vertrag ist besser; aber nicht notwendig. Für mich ist ein Handschlag mehr als ausreichend. Ich habe Geschäfte mit Hublot und Heineken mit nur einem Handschlag besiegelt und alle haben sich daran gehalten. Sowohl Heineken als auch Hublot sind schließlich globale Marken. Heineken ist der Titelsponsor meiner Veranstaltungen, ebenso wie Hublot. Bernie Ecclestone pflegte zu sagen, dass man mit Gentlemen Handshake-Deals machen könne. Dass ich es nicht mit Gentlemen zu tun hatte, wurde mir fataler Weise viel zu spät klar.

Ich wurde dann auch Teil eines E-Mail-Verteilers von Curnow an Lutz Hübner, Emanuel, Andreas Weissenbacher, Gerald Nussbaumer von BWT und Otmar Szafnauer, die auch an Leslie Ross und Kate Smithson von Force India kopiert wurde und bestätigte, dass Details am folgenden Dienstag vereinbart werden konnten; aber Priorität war ausreichend Einzelheiten zu haben, damit die Anwälte am Wochenende mit der Ausarbeitung der Vereinbarung beginnen konnten. Zu diesem Zeitpunkt war die Einführung des Sponsors de facto vollzogen. Der Deal hatte das Stadium erreicht, in dem die Verträge zur Ausarbeitung bereit waren. Dann brauchte Force India nur noch die Unterschrift von BWT. Da beide Seiten kooperieren wollten, war das nun nur noch reine Formsache. Die BWT-Unterschrift unter dem Vertrag würde bedeuten, dass wir geliefert hatten und Force India unsere Provision zahlen musste.

Am frühen Morgen des 25. Februar 2017 schickte Curnow eine weitere E-Mail an mich, Lutz Hübner, Andreas Weissenbacher, Otmar Szafnauer und Emanuel, an die ein weiterer Designvorschlag angehängt war. Curnow und ich tauschten dann mehrere WhatsApp-Nachrichten aus. Er wollte wissen, ob ich von Lutz Hübner gehört hätte, da er fürchtete, der Deal könne doch noch in allerletzter Minute platzen und Force India würde auf einem pinken Rennwagen ohne Sponsor sitzen bleiben. Ich sagte, dass ich Lutz Hübner am Abend eine Nachricht geschickt hatte und er sagte, dass wir bisher großartige Arbeit geleistet hätten, aber dass die letzte Entscheidung jetzt bei BWTs CEO Andreas Weissenbacher lag.

☆

Der 27. Februar 2017 war der erste Testtag der neuen Saison auf dem Circuit de Catalunya, in der Nähe von Barcelona. Während dieses Tages tauschte ich zahlreiche WhatsApp-Nachrichten mit Curnow aus. Am Morgen schickte Emanuel Curnow erneut eine E-Mail mit einer Kopie unserer Mandatsvereinbarung zur sofortigen Unterzeichnung und stellte fest, dass ich diese bereits zuvor an ihn gesendet hatte. Emanuel merkte an, dass Force India unsere Mandatsvereinbarung vor dem Sponsorenvertrag mit BWT unterzeichneten soll, und forderte dementsprechend die unverzügliche Unterzeichnung des Mandats noch am selben Tag, und sofortige Rücksendung an ihn per E-Mail. Am Abend schickte mir Curnow eine Nachricht mit den Worten: „Alles mit Andreas (Weissenbacher) vereinbart. Werde mich morgen früh um die Mandatsvereinbarung und andere rechtliche Fragen kümmern." Also kein Grund zur Sorge unter Ehrenmännern und Freunden! Im Zusammenhang mit den vorherigen Nachrichten schien alles darauf hinzulaufen, dass der BWT-Deal abgeschlossen war und die Rahmenbedingungen von den Anwälten schriftlich niedergelegt werden können. Das bedeutet zumindest für mich, dass die Einführung erfolgte und die Bedingungen vereinbart wurden. Dies war für Force India von echtem Wert, da erst danach die detaillierten Bedingungen ausgehandelt werden konnten.

☆

Am 28. Februar 2017 bat ich Curnow um ein kurzes Update via WhatsApp, aber er antwortete nicht. Das hätte eine Warnung für mich sein sollen, dass hier etwas oberfaul war! Aber da ich an das Gute im Menschen glaube, habe ich dem nicht allzu viel Aufmerksamkeit geschenkt. Ich wollte wissen, was er am Tag zuvor in seiner Botschaft gemeint hatte, dass „Alles" mit Andreas vereinbart wurde. An diesem Tag gab es auch einen Nachrichtenaustausch mit Vijay Mallya über WhatsApp.

☆

Am 1. März 2017 hatte ich eine Unterredung mit Emanuel über meinen Beitrag an dem Deal und bat um eine Erhöhung meines Anteils von 20% auf 30%. Ich verlangte diese Erhöhung von Emanuel, weil ich das Gefühl hatte, gute Arbeit geleistet zu haben und es geschafft hatte, alle wichtigen und relevanten Punkte zu vereinbaren, die es letztendlich ermöglichten, diesen Deal mit Vijay Mallya abzuschließen. In Bezug auf die Anforderungen die BWT an einen Sponsorenvertrag mit Force India hatte war ebenfalls alles perfekt gelaufen. Emanuel stimmte der Erhöhung zu, die er in einer E-Mail bestätigte. Ich habe Emanuel weiters eine E-Mail geschickt, in der ich ihm einige Ideen für die VIP-Betreuung und das Account-Management für BWT vorschlug, die er an Lutz Hübner weiterleitete. Hübner hielt diese Vorschläge für gut, da ihm auch bewusst war, dass ein derartiges Sponsoring aktiviert werden muss, um den Mehrwert zu erhöhen.

Ich hatte im Laufe des Tages einen regen WhatsApp Austausch mit Curnow einschließlich seiner Bestätigung, dass sie den Vertragsentwurf an diesem Tag an BWT gesendet hatten, dass sich alles schnell vorwärtsbewegt und sich die Autos bereits in der Lackiererei befänden. Nun war also der Punkt erreicht, an dem das Team nicht umkehren konnte: die Autos würden in einigen Stunden pink sein. Ich bat ihn auch erneut, das unterzeichnete Mandat zurückzusenden. Am Abend sprach ich auch mit Vijay und besprach mit ihm an welchem Punkt der Deal geradestünde. Wir haben auch darüber gesprochen, wie dieses Sponsoring dem Team zugutekommen würde. Vijay sagte, Toto Wolff habe ihn angerufen, um BWT als gutes Unternehmen zu bewerben - was er auch schon am Tag zuvor in seiner WhatsApp-Nachricht erwähnte. Ich halte das schlichtweg für unwahrscheinlich - wahrscheinlicher ist, dass es umgekehrt war. Ich sagte zu Vijay, dass wir es trotz meiner anfänglichen Vorbehalte gegenüber Curnow, wegen seines Verhaltens in der Vergangenheit, zu einem positiven Ergebnis gebracht hatten und dass ich positiv war was die Zukunft betraf. Zum Zeitpunkt meines Anrufs hatte ich verstanden, dass die

Mandatsvereinbarung an Emanuel gesendet worden war, da ich Curnow zuvor in einer WhatsApp-Nachricht um ein Update in dieser Angelegenheit gebeten hatte, „insbesondere die Unterzeichnung des Mandats, bitte“. Er antwortete: „Ich denke, das Mandat wurde an Emanuel gesendet.“

Noch am selben Tag war Lutz Hübner auch davon überzeugt, dass sie den Deal mit Force India besiegelt hatten, und versuchte, Emanuel zu kontaktieren, um über die Dienste zu sprechen, die wir zur Aktivierung ihres Sponsorings in Betracht gezogen hatten. Leider konnte er Emanuel nicht erreichen und hinterließ nur eine Mailboxnachricht[9], in der er zum Ausdruck brachte, dass er sehr glücklich über die Situation war und gratulierte, da es ja bestimmt eine Provision gegeben haben muss.

Selbst für den Marketingleiter von BWT war es offensichtlich, dass wir von Force India für unsere großartige Arbeit eine Honorierung erhalten würden.

☆

Am 2. März 2017 gründete ich eine WhatsApp-Gruppe mit dem Titel „BWT-Mandat von SFIF1[10]“, mit mir, Curnow und Emanuel. In einer Reihe von Gesprächen an diesem Morgen fragte ich Curnow erneut, ob das Mandat jetzt per Post an Emanuel gesendet worden sei und ob er uns beiden eine Kopie per E-Mail schicken könne. Er bestätigte mir, dass sie die Mandatsvereinbarung in einen Standardvertrag von Force India umschreiben müssten, die finanziellen Bedingungen jedoch unberührt blieben, und dass es keine Probleme von ihrer Seite gebe. Später am Abend schickte Curnow mir und Emanuel schließlich die Vereinbarung, die von ihrem Rechtsteam per E-Mail vorbereitet worden war.

9 unluckyclown.com/deutsch/mailb-lh.html
10 unluckyclown.tiny.us/chatMandate

Am nächsten Morgen bestätigte Curnow per WhatsApp-Nachricht, dass Kommentare zum Vertrag an diesem Tag von BWT fällig waren, obwohl diese nicht wie erwartet verschickt wurden.

Am 4. März 2017 schickte mir Curnow eine WhatsApp-Nachricht, in der bestätigt wurde, dass der BWT-Vertrag nun über das Wochenende überprüft wird, und dass einige BWT-Mitarbeiter die Bilder des Autos an die Presse weitergegeben haben. Dumm gelaufen, aber diese Dinge passieren.

☆

Am 6. März 2017 fand ein abermaliger Austausch mit Curnow statt der bestätigte, dass sich Lutz Hübner später an diesem Tag melden würde. Und nach dem Gespräch die Info, dass es „noch viel zu vereinbaren" gibt. An diesem Tag wurden auch Probleme mit den Helmen und Kappen der Fahrer deutlich. BWT wollte, dass auch diese pink sind. Und abermals drohte der Deal zu platzen. Ich hielt den ganzen Tag über mit Curnow und Lutz Hübner Kontakt, um eine Lösung zu finden, um den Deal weiter auf Kurs zu halten. Die Designrechte für die Fahrerhelme liegen bei den Fahrern selbst, sind also de facto deren „Freiraum" für persönliche Sponsoren. Doch damit nicht genug: Neben den Helmen forderte BWT außerdem, dass beide Force India-Fahrer das BWT-Logo auf ihre Fahrerkappen setzen. Zu guter Letzt konnte doch noch eine Lösung gefunden werden.

Im Fall von Esteban Ocon musste Force India mit Mercedes verhandeln. Mercedes stimmte zu den Mercedes-Stern durch das BWT-Logo auf Estebans Fahrerkappe zu ersetzen. Sergio Perez Situation war komplexer. Er hatte die Logo-Rechte auf seiner Fahrerkappe persönlichen Sponsoren aus Mexiko abgetreten. Somit war es BWT einfach nicht möglich zu bekommen, was sie wollten. Unzufriedenheit war das Resultat. BWT glaubte Force India würde tricksen und einfach nicht gewillt sein die Anforderungen von BWT 100-prozentig erfüllen zu wollten.

Curnow schob Panik und kam wieder zu mir gerannt, um Hilfe und Unterstützung zu erbetteln. Ich sprach mit Emanuel über die Situation und er schickte Lutz Hübner eine WhatsApp-Nachricht, um ihm zu versichern, dass Force India tatsächlich alles versuchen würde, um die Anforderungen von BWT zu erfüllen, aber im speziellen Fall von Checo nichts zu machen war. In Bezug auf die Helme versuchte Force India BWT zu beschwichtigen indem man den größtmöglichen freien Platz für ihr Logo „freiverhandelte". Auch Force India benutzte uns als Problemlöser.

Am nächsten Tag bat Emanuel Curnow um ein Update des aktuellen Status der Mandatsvereinbarung. Anschließend tauschte ich erneut eine Reihe von WhatsApp-Nachrichten zu diesem Thema mit Curnow aus, und er erklärte sich bereit, mich später anzurufen. Wir haben schließlich am Abend in Bezug auf die Mandatsvereinbarung telefoniert. Er versicherte mir erneut, dass die Bedingungen des Mandats alle vereinbart seien, sie es sofort unterzeichnen würden und es dann auf direktem Weg zu uns sei. Er sagte mir, dass es nur eine Formalität sei, dass AMP das gegenunterzeichnete Dokument unmittelbar zurückerhalten würde. Nach dem Anruf schickte ich ihm eine WhatsApp-Nachricht, in der ich ihn unmissverständlich aufforderte, das verdammte Mandat am nächsten Tag zu unterschreiben und zu retournieren. Die Angelegenheit war schon viel zu lange in der Schwebe. Sauber hatte die Mandatsvereinbarung innerhalb von 20 Minuten nach Erhalt unterschrieben. Schweiz eben!

Tags darauf kontaktierte Emanuel Curnow innerhalb unserer WhatsApp-Chatgruppe und rekapitulierte was ich ihm gesagt hatte: dass die Vereinbarung auf dem Weg sei. Er fügte hinzu, dass es schön wäre, sie noch am selben Tag zu erhalten. Curnow bestätigte, dass wir uns keine Sorgen machen sollten: „Euer Mandat ist sicher. Im Moment haben wir 1000 Dinge zu tun um den Deal über die Ziellinie zu bekommen. Macht euch keine Sorgen."

Am Morgen des 9. März schickte Curnow eine Nachricht in der er erklärte, dass es Probleme mit BWT und Andreas Weissenbacher gibt, und der Deal abermals in der Luft hängen würde. Er sagte, er habe das Gefühl ein anderes Team würde „versuchen, den Deal zu torpedieren".

Einen Tag später bombardierte ich Curnow mit WhatsApp-Nachrichten, da ich verständlicher Weise über den Status der Situation zwischen Force India und BWT informiert werden wollte. Ob die Probleme mit BWT und Andreas Weissenbacher beseitigt werden konnten? Nach all unserer harten Arbeit, musste der Deal einfach zustande kommen und wir den vereinbarten Anteil erhalten! Aber Curnow stellte sich tot. Im Nachhinein wurde mir klar, dass der Deal an eben diesem Tag abgeschlossen wurde; und Leslie Ross die erste Tranche der Sponsorensumme in Rechnung stellte.

☆

Am frühen Morgen des 14. März 2017 schickte Curnow eine WhatsApp-Nachricht in der er bestätigte, dass der Deal mit BWT durch sei, und es im Laufe des Tages eine Presseerklärung geben würde.

BOOM!!! Wir haben es geschafft! Wir haben für Force India einen überlebenswichtigen Deal eingefädelt - einen der größten Deals im Formel-1-Rennsport der letzten Jahre!

Ich fragte nach dem Mandat und ob er es jetzt endlich zu einer Priorität machen könnte. Curnow antwortete „Ja" und sagte, dass Otmar Szafnauer an diesem Tag bei Vijay sein wird und er sicher sei, dass sie auch darüber diskutieren würden. Ich fragte, was er damit meinte, schließlich hätte er bestätigt, dass unsere Vereinbarung abgesegnet war! Curnow antwortete nicht. Emanuel schickte später am Tag auch eine E-Mail an Otmar Szafnauer und Curnow, in die er mich kopierte. Sie bezog sich auf die Vereinbarung, die wir mit Curnow bezüglich der

Mandatsbedingungen getroffen hatten, und forderte sie auf, eine unterschriebene Kopie zurückzusenden. Wir betrachteten es nach wie vor als eine Formalität, da die finanziellen Bedingungen bereits längst vereinbart waren. Später am Abend leitete ich eine Kopie von Emanuels E-Mail an Vijay weiter.

Ich hatte auch einen direkten Nachrichtenaustausch mit Vijay über WhatsApp[11] über das mit Curnow vereinbarte Mandat, das bis in die frühen Morgenstunden des 15. März hin und her ging. Er sagte: „Steve ist kein Vorstandsmitglied von Sahara Force India F1. Er ist lediglich Leiter unserer Verkaufsabteilung. Sogar der Vertrag musste an den Leiter unserer internen Rechtsabteilung gehen. Jede Aktion bedarf eines Genehmigungsverfahrens. Ich werde nichts abzeichnen, bevor ich nicht eindeutige Erklärungen habe. ….”

Ich hätte kotzen können! Rückblickend machte die Art und Weise, wie sie in Bezug auf unsere Mandatsvereinbarung gehandelt haben einen Sinn - Vijay und seine Handlanger hatten uns über einen langen Zeitraum hingehalten und zu guter Letzt massiv über den Tisch gezogen! Die ganze Chose war geplant, mit der Absicht uns um unsere Provision zu betrügen - und wir waren wahrscheinlich nicht die ersten. Es war plötzlich so, als würde der Zuschauer von „Fight Club“ erkennen, dass Tyler Durden, gespielt von Brat Pitt, nicht existierte - wie unsere unterzeichnete Mandatsvereinbarung! Ich verfluchte Vijay - möge er tot umfallen und in der Hölle schmoren oder noch besser – gezwungen werden die Seife im Arthur Road Central Jail, dem gefürchteten Gefängnis von Mumbai, aufheben zu müssen! Vijay hatte absichtlich falschgespielt. Jetzt wurde mir klar 🙄, dass die Anschuldigungen der indischen Regierung alle wahr sein könnten. Als Freund habe ich ihn lange verteidigt, jetzt bin sogar ich auf der anderen Seite. Er ist ein räudiger Hund.

---

[11] unluckyclown.tiny.us/chatVJM

WER VERLIERT UND ZIEHT VON HINNEN KANN EIN ANDERMAL GEWINNEN

„An jedem Schritt, den man macht, heftet ein Preis. Man muss bereit sein, diesen Preis zu zahlen und dann weiter zu machen."

Am 21. März 2017 flog ich nach Melbourne. Hauptsächlich um mich mit Mercedes und Heineken über Projekte für die kommende Saison zu beraten. Aber jetzt – da wir diesen unglaublichen Deal möglich gemacht haben, wollte ich natürlich auch ein bisschen feiern.

Am späten Nachmittag des 24 März sprach mich Toto Wolff vor der Mercedes Team Hospitality an, um mit mir über das BWT-Engagement bei Force India zu sprechen. Er sagte, dass Force India und insbesondere Otmar Szafnauer vor einigen Wochen Kontakt zu ihm aufgenommen haben, um Informationen über BWT zu erhalten und sich zu erkundigen, ob es sich um ein legitimes Unternehmen handelt, das sich einen Sponsorendeal jenseits der 10 Millionen Euro überhaupt leisten könne.

Des Weiteren hätte Otmar Szafnauer erwähnt, dass ich eine Provision verlangen würde für die Vermittlung des Deals. Toto Wolff sagte, seine Antwort sei wie folgt: Er kenne BWT, und insbesondere deren CEO Andreas Weissenbacher seit vielen Jahren, nicht nur durch deren Sponsoring des Mercedes-DTM Teams, sondern auch durch andere Geschäftstätigkeiten in Österreich. Er hat Force India gegenüber bestätigt, dass er der Meinung sei, dass BWT sehr wohl in der Lage ist, einen so hoch dotierten Sponsoringdeal zu stemmen.

Er sagte auch zu Otmar Szafnauer, dass er selbst natürlich eine Provision zahlen würde, wenn ihm jemand einen derart lukrativen Deal bringen würde. Deshalb hat er Force India und insbesondere Herrn Szafnauer geraten, mir die vereinbarte Provision zu zahlen, da dies Standard für die Erbringung solcher Dienstleistungen ist.

Ich erwähnte Toto gegenüber meine Bedenken, dass sich Force India möglicherweise aus seiner Verantwortung für die vereinbarte Abmachung herausstehlen könnte, da die Kommunikation mit uns seit der Unterzeichnung des Abkommens zwischen Force India und BWT fast zum Erliegen gekommen sei, und sich das Verhalten der Force India Führungsriege nicht gut anfühlt. Anstatt den Erfolg dieses fantastischen Deals zu feiern, gab es nur negative

Rückmeldungen von ihrer Seite. In Bezug auf die vereinbarte Provision haben wir alles schriftlich von ihrem kaufmännischen Direktor Stephen Curnow, obwohl sie die physisch unterzeichnete Vereinbarung nie zurückgeschickt hätten, da sie immer tausend Gründe gefunden haben, warum sie nicht gegengezeichnet retourniert werden könne. Trotzdem wurde uns immer schriftlich versichert, dass alle finanziellen Absprachen sicher sind.

Wenn man die gesamten Ausreden von Force India Revue passieren lässt, warum das so genannte „sichere“ Mandat, nicht in einen Force India Standard-Agenturvertrag integriert und an uns zurückgesandt wurde, kann man sich des Eindrucks nicht erwehren, dass hier vorsätzlich betrogen werden sollte. Toto Wolff hatte einen ähnlichen Verdacht und riet mir dringend an, von nun an detaillierte Protokolle aller Treffen in Bezug auf diesen Sponsoringdeal zu erstellen. Er zitierte: „Wer schreibt, der bleibt.“

Er betonte darüber hinaus, dass er, sollte diese Situation in Zukunft rechtliche Konsequenzen haben oder sogar vor Gericht landen, die zuvor erwähnten Ereignisse immer bestätigen und die Wahrheit sagen wird.

☆

Am Samstag, den 25. März 2017, trafen Emanuel und ich uns mit Otmar Szafnauer und Curnow in der Force India Hospitality im Fahrerlager, um die Angelegenheit zu besprechen. Wir waren pünktlich vor Ort und Curnow begrüßte uns. An einigen Tischen saßen ein paar Gäste, und Otmar Szafnauer nagte gerade an einem Maiskolben, den er mit in seine Bürokabine mitnahm und an dem er während der Besprechung weiter nagte. Hat es mehr bedurft, um zu zeigen, dass dies ein Gespräch mit einem ausgewiesenen „Nicht-Gentleman“ war?

Toto Wolffs Rat folgend, detaillierte Protokolle darüber zu schreiben, was gesagt und besprochen wird, ich aber nicht wie eine Sekretärin mitschreiben wollte, habe ich dieses Gespräch mit meinem iPhone aufgezeichnet[12], damit ich hinterher genau wiedergeben konnte, was gesagt und diskutiert wurde.

Otmar Szafnauer: Wer hat dieses Treffen einberufen? Lasst mich einige Notizen machen. Beginnt!

Tara Ramos: Ich bin neugierig.

Otmar: Worüber wollt ihr reden?

Tara: Von unserer Seite ist Alles klar. Steve hat erwähnt, dass für das Team nicht alles klar zu sein scheint, wie für uns.

Stephen Curnow: Du (Otmar) hattest ein Treffen mit Vijay. Ist das ein Ausgangspunkt?

Otmar: Hier geht es um eine Provisionszahlung aus dem BWT-Deal. Sprechen wir also darüber?

Tara: Genau.

Otmar: Das ist Sache. Habt ihr BWT zu Sauber gebracht? Hattet ihr etwas damit zu tun?

Emanuel Moser: Ich habe das gemacht.

Otmar: Wenn du einen Deal mit Sauber gemacht hättest, solltest du dorthin gehen und deine Provision kassieren. Du hast den Deal aber definitiv nicht zu mir gebracht. Weil Andreas mich direkt angerufen hat. Ich habe dich nie getroffen. Es macht für mich überhaupt keinen Sinn euch eine Provision zu zahlen, wenn BWT mich direkt anruft und sagt, der Deal mit Sauber ist gescheitert, ich möchte etwas mit euch machen, und übrigens, ich spreche auch mit Toro Rosso. Macht das für dich Sinn?

Tara: Ist das deine Meinung?

Otmar: Nein, das ist passiert.

Tara: Das ist nicht wahr!

Otmar: Was ist passiert? Als Toto mich anrief, hatte ich bereits mit Andreas gesprochen. Und dann sagt mir Steve, dass es eine Provisionssache gibt, die ich nie gesehen habe.

---

12 unluckyclown.com/deutsch/gespr-os-sa.html

Also sagte ich zu Toto, dass es um eine Provision ginge. Andreas hat mich direkt angerufen, aber jemand verlangt von Steve eine Provision. Toto sagte, zahl die Provision[13]. Das hat er gesagt. Aber er kennt die Details nicht, ich habe sie ihm nie erzählt. Er sagte, wenn Leute mir einen Deal bringen, zahle ich immer eine Provision. Das hat Toto gesagt. Geht und fragt ihn - genau das hat er gesagt.

Ich telefonierte also mit ihm und stellte ihm einige andere Fragen zu Andreas. Er sagte, ich kenne Andreas, ich kenne ihn gut. Als ich mit Toto sprach, hatte ich bereits mit Andreas gesprochen. Er hat mich direkt angerufen.

Tara: Vor diesem Anruf, wann auch immer dieser Anruf gewesen sein soll, traf ich Andy Stevenson und ich war bei Vijay. Vijay gab dir (Stephen Curnow) einen direkten Befehl, dass du dich mit mir kurzschließt hinsichtlich dieses bestimmten Sponsors.

Otmar: Das werden wir tun. Geh zu Vijay, er ist ein Aktionär, er ist mein Chef, ich besitze das Team nicht, ich bin ein Angestellter. Du gehst zu Vijay, was auch immer Vijay zustimmt, dem stimme ich auch zu. Ich habe keine Probleme damit.

Tara: Ich habe es von Vijay schriftlich, dass er mit der Zahlung einer Provision einverstanden ist, so wie wir es vereinbart haben.

Otmar: Wenn Vijay mir diese Anweisung gibt, habt ihr von meiner Seite kein Problem. Null.

Tara: Für uns ist der Sachverhalt klar: wir haben eine Vereinbarung mit Steve, dass unser Mandat sicher ist und dass der Sponsor von uns kam.

Otmar: Steve ist nicht mein Chef. Vijay ist das.

Tara: Ich spreche hier nicht von einer Hackordnung. Ich sage, wir haben alles schriftlich, wie sich das alles entwickelt hat, auch hinsichtlich des Anrufs zwischen dir und Andreas, weil ich Steve mit Andreas in Kontakt gebracht habe. Steve hatte mich angerufen, wir haben es sogar in den E-Mails, wer wen in Kontakt gebracht

[13] !!! UNBEDING MERKEN !!!

hat. Steve und ich telefonierten am Morgen und erst danach hat Andreas Kontakt mit dir aufgenommen.

Otmar: Ich kenne die Chronologie nicht.

Tara: Aber natürlich ist es wichtig, die Chronologie zu kennen.

Otmar: Chronologie ist wichtig. Weil ich Andreas gefragt habe. Ich weiß nicht, was du und Vijay und Andy Stevenson getan habt. Das weiß ich nicht. Ich weiß nur, dass Andreas mich angerufen hat und gesagt hat: seid ihr daran interessiert? Das ganze Auto muss pink sein!

Tara: Wir haben alles schriftlich. Für uns ist die Situation also klar.

Otmar: Ist das die klare Situation, dass ihr BWT zu mir gebracht habt?

Tara: Zu Force India.

Otmar: Frag das BWT.

Tara: Werden wir.

Otmar: BWT hat mir gestern Abend gesagt, wenn ich einen Teil ihres Geldes an Dritte zahle, werden sie kündigen. Sie werden sich zurückziehen. Ihr bekommt also nichts, wir bekommen nichts. Das haben sie gesagt.

Emanuel: Dann müssen sie sich zurückziehen.

Otmar: Das werden sie tun. Habt ihr einen unterschriebenen Vertrag mit uns?

Tara: Wir haben eine Vereinbarung mit Steve!

Otmar: Habt ihr einen unterschriebenen Vertrag? Ich frage euch das noch einmal. Habt ihr einen unterschriebenen Vertrag?

Emanuel & Tara: Wir brauchen keinen unterschriebenen Vertrag.

Otmar: Ich frage noch einmal, ein drittes Mal. Habt ihr einen unterschriebenen Vertrag mit uns?

Emanuel & Tara: Wir brauchen keinen unterschriebenen Vertrag!

Otmar: Habt ihr einen?

Emanuel & Tara: Wir brauchen keinen.

Otmar: Also habt ihr keinen?

Tara: Wir brauchen das nicht. Wir haben alles schriftlich.

Emanuel: Wir können auch mündliche Vereinbarungen treffen.

Otmar: Habt ihr einen unterschriebenen Vertrag mit Sauber?

Emanuel: Ich habe einen.

Otmar: Warum machst du das nicht mündlich? Du hast gerade gesagt ihr braucht keinen unterschriebenen Vertrag, er könnte mündlich sein. Warum war dein Deal mit Sauber nicht mündlich?

Emanuel: Das erste Dokument, das ich geschickt habe, war ein Mandat.

Otmar: Andy Stevenson hat kein Recht auf irgendetwas in der Verkaufsabteilung. Also, wenn ihr Andy in den Straßen von London begegnet seid.

Tara: Wir reden nicht über Andy.

Otmar: Wenn Vijay Mallya, der mein Chef ist, sagt, Otmar Tara hat mich in meinem Haus besucht, lange bevor du mit Andreas gesprochen hast.

Tara: Natürlich, und das weißt du.

Otmar: Hör zu.

Tara: Du kannst nichts anderes sagen.

Otmar: Wenn er das sagt, habe ich kein Problem damit. Ich werde dir bezahlen, was er sagt. Das werde ich tun. Ich habe kein Problem. Null. Es ist also ziemlich einfach. Überzeuge Vijay.

Tara: Ich muss Vijay nicht überzeugen. Die Fakten liegen alle auf dem Tisch.

Emanuel: Das brauchen wir nicht, weil die Fakten auf dem Tisch liegen.

Otmar: Okay, gut. Dann ist es erledigt.

Tara: Du hast unsere erste Rechnung erhalten.

Otmar: Dann ist es erledigt. Wenn ihr Vijay nicht überzeugen müsst. Ich werde ihm von diesem Treffen erzählen, ich werde sagen, wir haben eine Rechnung, was soll ich tun? Und wenn er sagt, zahle sie, werde ich sie bezahlen. Und wenn er sagt, nicht. Ich arbeite für Vijay, nicht für euch. Wenn er sagt, dass ich es nicht bezahle, werde ich es nicht bezahlen. Und danach müsst ihr entweder Vijay irgendwie überzeugen oder einen Richter.

Emanuel: Wir müssen ihn nicht überzeugen, denn es ist offensichtlich, wie alles passiert ist. Ich habe die erste E-Mail, die ich an Andreas geschrieben habe, und ich habe jede E-Mail, die ich an euch geschrieben habe. Wir haben alles.

Otmar: Großartig.

Tara: Ich bin schockiert darüber, was du uns da gerade erzählst.

Emanuel: Es ist nicht fair, was du uns gerade antust. Es gibt einfache Fakten auf dem Tisch.

Otmar: Ich sage dir, was nicht fair ist. Du hast diesen Deal zu Sauber gebracht, es hat nicht funktioniert. Hol dir dein Geld von Sauber. Andreas ruft mich an. Ihr habt uns den Deal nicht gebracht.

Tara: Natürlich.

Otmar: Seid ihr Vertreter für BWT? Was habt ihr dann getan?

Tara: Im Ernst, wir haben so viele Nachrichten von Steve, die sagen, was Tatsache ist. Und jetzt versuchst du zurück zu rudern?

Otmar: Nein, das bin ich nicht. Steve hat diesen Deal nicht gemacht. Ich habe einen Anruf von Andreas bekommen. Steve wusste nichts davon. Andreas spricht nicht mit Steve. Bestimmt nicht. Wir sprechen mit einem CEO, er (Steve) nicht. Lutz spricht mit Steve. Sie haben eine Hierarchie. Er wird nicht.

Andreas hat mich angerufen und gesagt, seid ihr an einem Deal interessiert und ich habe ja gesagt. Dann hast du angefangen mit Lutz zu reden. Dann rief mich Vijay an. Absolut.

Tara: Nein.

Otmar: Auf jeden Fall.

Emanuel: Wir können es beweisen, kannst du es auch beweisen?

Otmar: Auf jeden Fall. Ich kann es beweisen. Absolut. Fragt einfach Andreas.

Tara: Warum sollten wir all diese Leute fragen, wir haben alle Fakten hier.

Otmar: Weißt du, wann Andreas mich anrief, hast du diese Information?

Tara: Hast du sie?

Otmar: Das tue ich!

Tara: Dann zeig es.

Otmar: Ich werde es dir sagen, wann Andreas mich angerufen hat. Wenn du mir nicht glaubst, geh zu Andreas und frage ihn, ob er Force India angerufen hat und ob das vorher war.

Tara: Natürlich ist die Antwort klar.

Otmar: Und die ist?

Tara: Nachher, weit nachher. Fast acht Tage später.

Otmar: Wenn ihr also schreibt, geht zu BWT und sagt, ihr seid die Makler von diesem Deal, bezahlt uns. Warum soll ich euch bezahlen?

Tara: Weil du das Geld erhalten hast.

Emanuel: BWT hat mich am Anfang gefragt, wer wird dich bezahlen und ich sagte, dass das Team uns bezahlt. Das ist normal. Wir haben alles schriftlich.

Otmar: Also sind wir wieder da, wo wir schon waren. Wenn Vijay mir sagt, Otmar bezahl sie, werde ich das tun.

Tara: Ich glaube nicht, dass irgendjemand von euch das will. Diese Situation, in der wir uns befinden.

Otmar: Wie hoch war die Rechnung?

Tara: Etwas über 500 tausend.

Otmar: Und wie hoch ist der Gesamtbetrag, den ihr uns in Rechnung stellen werdet?

Emanuel & Tara: 15% von allem, wie wir vereinbart haben.

Otmar: Und ihr denkt das ist fair?

Tara: Natürlich. Und es muss nicht fair sein.

Otmar: Ihr denkt, es ist fair, 15% für einen Anruf zu berechnen?

Emanuel: Um BWT davon zu überzeugen, in die Formel 1 zu kommen und zu euch zu kommen. Wir haben alles schriftlich. Wir können es dir zeigen.

Otmar: Hast du es (den Deal) zu Sauber gebracht? Du hast ihn nicht zu Sauber gebracht.

Emanuel: Sie wollten die Farbe des Autos nicht ändern. Also war das vorbei und ich rief Tara an.

Tara: Und das Amüsante ist, dass Nico Hülkenberg vor Ort war und alles darüber weiß, also gibt es einen weiteren Zeugen. Wir haben alles schriftlich. Steve kam gestern zu mir und wir hatten ein kurzes Gespräch darüber und er sagte, dass ihr mit 15% nicht glücklich seid, aber wir möchten, dass ihr zufrieden seid.

Otmar: Hast du das gesagt (Steve)?

Curnow: Ich bin mir nicht sicher, ob ich das gesagt[14] habe. Ich kann mich nicht erinnern, das gesagt zu haben, aber wenn es das ist, was ihr sagt.

Otmar: Wie auch immer, es ist nicht seine Entscheidung, aber mach weiter.

Tara: Ich sagte super. Ich habe es schriftlich, dass Steve weiß, wo der Deal herkommt, BWT weiß, woher der Deal kommt, Vijay weiß, woher der Deal kommt, Toto weiß, woher der Deal kommt, Nico weiß, woher der Deal kommt. Das Gespräch, das wir führen, ist einfach lächerlich, weil es nicht die Fakten widerspiegelt. Und ich denke, das wissen wir alle.

Wenn ihr also sagt, dass 15% zu viel sind, wir haben euch gesagt, dass es sich um BWT handelt und wir sagten zu Steve, und wir haben dies schriftlich: das (15%) ist es, was wir gerne hätten. Steve antwortet zurück, wir zahlen gerne 15%.

Otmar: Hast du (Steve)?

Curnow: Nun, wenn ich das geschrieben habe, war ich nicht autorisiert.

---

[14] unluckyclown.com/deutsch/gespr-sc.html

Tara: Das spielt keine Rolle, das ist ein internes Problem von euch.

Otmar: Auf jeden Fall. Auf jeden Fall.

Tara: Wenn du (Steve) mir sagst: Tara, ich gebe dir zwei Millionen und du hast es nicht intern abzeichnen lassen, dann ist das nicht mein Problem.

Otmar: Du kannst nicht zur Putze gehen und sagen was würdest du mir bezahlen?

Tara: Genau, aber er ist der kaufmännische Leiter!

Curnow: Ich denke, unsere Handelsvereinbarungen unterliegen alle der Genehmigung durch den COO, und das steht in dem Dokument, das ihr habt.

Otmar: Er hat wahrscheinlich ein Standarddokument geschickt. Und so funktioniert es bei uns. Ich bekomme diese alle und muss sie abzeichnen. Normalerweise bekomme ich sie und blättere zur Rückseite. Auf der Rückseite steht eine Liste der Unternehmen und Kategorien, die wir einem Vermittler zuschreiben.

Tara: Schau dir dieses Dokument an, hier hast du es.

Otmar: Jetzt erkenne ich es. Auf der Rückseite steht das, und ich schaue immer nach, bevor ich es unterschreibe, so dass alles seine Richtigkeit hat. Dass wir nicht mit zwei oder drei Leuten einen Vertag machen, die dann alle dasselbe machen. Ich tue das immer. Ich habe das hier noch nie gesehen. Niemals. Niemand ist jemals damit zu mir gekommen.

Tara: Stephen hat bestätigt, dass alles in Ordnung ist. Unzählige Male!

Otmar: Wenn ich also einen Anruf von Andreas von BWT bekomme, der sagt, dass wir einen Deal machen können, und ich habe dies hier nie unterschrieben, was soll ich dann denken, außer dass dies (der Andreas Anruf) zuerst war. Und dann höre ich hiervon, und habe das noch nie gesehen. Du hast es mir nie zum unterschrieben vorgelegt. Niemals!

Tara: (Steve) Warum hast du es nicht vorgelegt, obwohl du uns schriftlich bestätigt hast, dass du es getan hast?

Curnow: Das ist kein juristisches Dokument.

Tara: Doch, das ist es. Und auch das was du uns geschrieben hast, ist rechtsverbindlich.

Otmar: Tara, so komme ich dahin, wo ich jetzt stehe. Ich habe das noch nie gesehen. Unser Standardverfahren ist…

Tara: Dies ist dein Verfahren, es ist nicht unser Verfahren.

Otmar: Ich hatte einen Anruf von Andreas.

Tara: Weit nachdem das alles passiert ist!

Otmar: Ich weiß nicht, was du mit ihm gemacht hast.

Tara: Du hast nur wegen uns einen Anruf von Andreas erhalten.

Otmar: Wenn er das alles sagt.

Tara: Otmar, weißt du was passiert, wenn du diesen Weg einschlägst? All dies wird faulig werden. Das Sponsoring. Die werden sehr unglücklich sein, dass sie sich plötzlich mitten in einem Rechtsstreit in England wiederfinden und als Zeugen vorgeladen werden.

Was du sagst, ist nicht ganz die Wahrheit. Das Telefonat mit dir und Andreas war lange nachdem wir darüber gesprochen hatten.

Otmar: Ich habe lange vorher mit Andreas gesprochen. Für mich war Andreas meine Anlaufstelle. Ich habe mit Andreas gesprochen, dann habe ich mit Toto gesprochen. Toto hat mich angerufen und gesagt, ich glaube, dass einer meiner österreichischen Kollegen dich angerufen hat. Das ist die Wahrheit. Ich saß an meinem Schreibtisch und hatte keinen Grund, Toto anzurufen. Als er anrief, stellte ich Fragen zu BWT.

Tara: Ich glaube nicht, dass wir hier weiterkommen. Wir haben alles schriftlich. Steve hat im Namen von Force India uns gegenüber Bestätigungen abgegeben. Was bei euch intern passiert …

Otmar: Ja, ja, ja, das ist nicht dein Problem. Ihr wisst nicht, wie wir vorgehen.

Tara: Wenn ein kaufmännischer Direktor eine schriftliche Vereinbarung trifft, ist es nicht die Putzfrau.

Otmar: Das verstehe ich.

Tara: Er hat oft bestätigt, dass es unterwegs ist. Du kannst es nachlesen, wir lassen dir alles hier.

Otmar: Ich brauche es nicht. Du hast mir die Chronologie schon gegeben.

Emanuel: Wieso haben wir all diese Dokumente? Das gesamte Angebot an BWT, alle Entwürfe?

Tara: Das erste Mal, dass BWT sie selbst gesehen hat, ist, weil ich sie ihnen geschickt habe. Nicht weil ihr sie denen geschickt habt.

Otmar: Ich sage immer, dass vernünftige Leute mit den gleichen Informationen zu demselben Schluss kommen werden. Euer erster Protokollpunkt muss sein, Vijay zu überzeugen.

Mit diesen Worten war das Treffen beendet und wir verließen die Force India Hospitality. Wir konnten nicht glauben, was hier gerade passiert war und was Otmar Szafnauer gesagt hatte.

Für den Augenblick haben wir zumindest unseren Humor behalten! Wir haben Otmar Szafnauer „Donald Szafnauer" getauft und uns dabei auf die „alternativen Fakten" von Präsident „The Donald" Trump und die Kontroverse über die angeblich riesige Menschenmenge bei seiner Amtseinführung bezogen und die Art und Weise, wie seine Regierung seitdem mit den Zahlen jonglierte.

Curnow wurde zur „Putzfrau" abgestempelt, weil er bei Force India selbst zu einem bloßen Niemand degradiert wurde. Wir hätten genauso gut mit ihrer tatsächlichen Putzfrau verhandeln können und würden uns genau am selben Punkt befinden.

☆

Unmittelbar nach diesem Treffen rief ich Toto Wolffs persönliche Assistentin an, um ein Treffen mit Toto zu vereinbaren. Zum Glück saßen beide gerade zusammen mit Andy Cowell von Mercedes in einem Auto und waren auf dem Weg von der Rennstrecke zurück zu ihrem Hotel. Sie gab das Telefon an Toto Wolff weiter der sich freute, mit mir zu sprechen.

Ich erzählte ihm, was in dem Treffen mit Otmar Szafnauer und Curnow gesagt wurde, das unmittelbar vor diesem Anruf stattfand.

Ich sagte ihm, dass Force India behauptet, von BWT direkt kontaktiert worden zu sein, ohne dass jemand den Kontakt zwischen diesen beiden Parteien hergestellt habe, und dass das Telefongespräch zwischen ihm und Otmar Szafnauer lange nach dem ersten Kontakt zwischen BWT und Force India stattgefunden habe.

Toto Wolff bestätigt seine Version von unserem Gespräch erneut, dass Otmar Szafnauer ihn angerufen habe und nach der Legitimität von BWT und deren Fähigkeit gefragt hatte, eine solchen Sponsoringbetrag zahlen zu können, und dass ich die vereinbarte Provision erhalten sollte. Toto Wolff unterstrich erneut, dass er den Verdacht habe, dass Force India nicht bereit sei, in dieser Angelegenheit fair zu spielen, und dass ich mit höchster Vorsicht handeln solle. Er wird immer die Wahrheit sagen, sollte er von irgendjemandem gefragt werden, wie die Dinge tatsächlich abgelaufen sind.

Noch am selben Abend traf ich mich mit Emanuel und Toto Wolffs Assistentin in einem asiatischen Restaurant namens Chin Chin zum Abendessen. Wir hatten ein kurzes Gespräch über den Anruf und sie sagte, dass ihr Chef Toto Wolff Herrn Cowell die Geschichte über das Provisionsproblem zwischen uns und Force India erzählt habe.

Sie sagte weiter, dass Toto Herrn Cowell gegenüber zu dem Schluss gekommen sei, dass Force India plane uns zu betrügen, um die Zahlung der vereinbarten Provision zu umgehen.

☆

Am Sonntag, dem 26. März 2017, trafen Emanuel und ich uns erneut mit Otmar Szafnauer und Curnow. Ich habe dieses

Gespräch natürlich ebenfalls auf meinem Handy aufgezeichnet[15], wie ich es bereits am Tag zuvor getan hatte. Ich konnte immer noch nicht glauben, was hier erzählt wurde, wie der Deal wirklich zustande kam. All dies wird sich zu einem späteren Zeitpunkt auch noch einmal um 180 Grad drehen, aber im Moment war selbst dies einfach zu aberwitzig, um wahr zu sein.

Otmar Szafnauer: Das hier wird sehr schnell gehen. Ich habe alles gelesen und auch selbst etwas mehr nachgeforscht. Ich habe auch mit Andy Stevenson gesprochen und eure Chronologie und alles gelesen, was ihr mir gegeben habt. Ich habe mit BWT gesprochen, ich habe mit Monisha gesprochen, ich habe mit Toto gesprochen, ich habe mit allen gesprochen.

Und ich bin zu diesem Schluss gekommen. Erstens liegt es nicht an mir, du musst zu Vijay gehen. Ich habe die Bilder von dir und Vijay in seinem Haus gesehen, an dem Tag wo du sagtest, dass das Ganze begonnen hat, und ich glaube, am Tag zuvor gab es ein Mittagessen mit Andy Stevenson in London.

Andy hat mir die Bilder von dir und Vijay und Pinky gezeigt, das Ganze blablabla.

Vijay hat mir gesagt, ich habe auch mit Vijay gesprochen, ich darf mich auf nichts einlassen, dem er zustimmen muss. Es ist seine Sache, ihm gehört das Team, er muss dem zustimmen. Ich werde euch unterstützen.

Das habe ich herausgefunden. Toto sagte mir, dass ihr BWT nicht zu Mercedes gebracht habt, und BWT hatte zuerst begonnen mit Mercedes zu sprechen. Andreas ging direkt zu Toto.

Tara Ramos: Wir haben nie gesagt, dass wir sie zu Mercedes gebracht haben.

Otmar: Ich habe gerade gehört, dass du sagtest, dass du davon überzeugt bist, BWT in die Formel 1 gebracht zu haben.

Tara: Das ist richtig.

---

[15] unluckyclown.com/deutsch/gespr-os-so.html

Otmar: Toto sagt, dass BWT ihn direkt angesprochen hat.

Tara: Nun, da gibt es einen Unterschied. Richtig?

Otmar: Könnte sein.

Tara: Zwischen der Sensibilisierung für die Formel 1 und der Nutzung eigener Kontakte. Denn deren Verbindung zu Toro Rosso ging eindeutig über eine Agentur, mit der Red Bull zusammenarbeitet.

Otmar: Dazu wollte ich gerade kommen. Das war das erste. Also Toto sagte, dass diese Jungs sie (BWT) nicht zu ihm gebracht haben.

Tara: Das haben wir auch nie behauptet.

Otmar: BWT hat gesagt, dass ihr sie nicht vertretet. Ich sage euch nur, was BWT gesagt hat, weil ich sie gefragt habe. Habt ihr mit diesen Jungs gearbeitet? Ist eine Provision fällig? Und sie sagen: absolut nicht.

Tara: Natürlich nicht. Sie schulden uns nichts.

Otmar: Nein, nicht dass sie euch etwas schulden, sie sagten, ihr habt sie nicht beeinflusst, ihr habt nichts mit ihnen zu tun. Das ist was sie gesagt haben, das sage ich euch. Ich sage euch, ich habe nachgeforscht. Ich hatte Gespräche mit Lutz darüber, ich ging und fragte Monisha. Monisha war sich nicht sicher, ob ihr eine Agenturvereinbarung hattet. Sie sagte, ich weiß es nicht. Sie war sich nicht sicher, ob ihr einen Agenturvertrag mit Sauber hattet.

Emanuel Moser: Er ist unterschrieben.

Otmar: Sie hat sich dann zurückgemeldet und bestätigt: ja, wir haben einen Agenturvertrag mit jemandem aus Liechtenstein. Das sagte sie, ja.

Ich habe alles andere gelesen, was ihr in eurer Chronologie geschrieben habt. Zwei Dinge, die mir aufgefallen sind. Zum einen sprach BWT auch mit Red Bull oder vielmehr mit Toro Rosso. Und ihr hattet auch nichts damit zu tun. Ihr repräsentiertet BWT also nicht wirklich, ihr lenktet sie nicht in irgendeine Richtung.

Tara: Doch, in Richtung Force India.

Otmar: Aber ihr hattet keinen Einfluss.

Tara: Natürlich.

Otmar: Das ist nicht das, was mir BWT gesagt hat. Es gibt noch eine andere Sache, die mir aufgefallen ist: es gibt keine Kommunikation zwischen euch und BWT. Nichts. Die gab es nur zwischen uns. Eine E-Mail an mich, wo es hieß meine Damen und Herren und Otmar. Dies ist die einzige E-Mail, die ich jemals erhalten habe.

Emanuel: Ich habe auch alle E-Mails mit BWT.

Tara: Willst du sie haben?

Otmar: Nein, nein, nein. Nur das ich ein Bild bekomme. Ich wusste von all dem nichts, bevor ihr Jungs zu mir gekommen seid.

Tara: Kann ich dir eine Frage stellen? Wie kannst du nichts davon wissen?

Otmar: Er (Steve) macht seinen Job.

Tara: Du hast es gelesen.

Otmar: Ich habe alles gelesen, was du mir gegeben hast.

Tara: Es gibt einen Satz: Vijay hat allem zugestimmt. Kam von Steve, hast du es gelesen?

Otmar: Ja, ja, ja.

Tara: Warum sollten wir uns dann fragen, ob Vijay all dieses Vorgänge kennt oder nicht? Würdest Du es in Frage stellen, wenn Steve schreibt: Vijay sei mit allem einverstanden?

Otmar: Die Leute müssen die Wahrheit sagen. Wenn er sagt, dass Vijay alles weiß, dann bedeutet das, dass Vijay alles weiß.

Tara: Also war es die Wahrheit, als du gestern gesagt hast, dass BWT dich direkt angesprochen hat?

Otmar: Sie haben es getan. BWT hat mich direkt angesprochen.

Tara: Und du hast gesagt, es war lange bevor wir zu reden begonnen haben.

Otmar: Genau. Das weiß ich nicht, ich muss nachsehen. Aber Toto hat mich auch angerufen, bevor ich wusste, was ihr tut, was auch immer.

Tara: Ich würde also sagen, dass ihr ein internes Kommunikationsproblem habt, was verhandelt wurde und was du sagst.

Otmar: Ja, ja, könnte sehr gut sein. Ich denke jedoch, dass ihr etwas tun müsst, und ich werde euch dabei unterstützen.

Tara: Ich denke, wir sollten deinen Rat befolgen und einen Richter die Entscheidung treffen lassen, uns zu bezahlen.

Otmar: Hör zu, wenn du so vorgehen willst, dann mach es.

Tara: Du wolltest doch diesen Weg gehen?

Otmar: Nein, ich gebe dir meinen Rat.

Tara: Das war der Rat, den du uns gestern gegeben hast, einer von ihnen, einer von zwei Ratschlägen.

Otmar: Wenn es also so geht, Tara, dann kannst du verFICKT noch mal hier rausgehen und dann machst du das. Das habe ich dir nicht gesagt. Ich werde dir sagen, was ich gesagt habe, und ich werde es dir noch einmal sagen. Ich sagte, du hast zwei Möglichkeiten, Vijay zu überzeugen oder einen Richter zu überzeugen. Und das sind auch heute noch deine Optionen. Weil ich die verdammte Entscheidung nicht treffen kann, verstehst du mich?

Tara: Ich habe dich gestern verstanden und du musst mich nicht anschreien und das F... Wort ist kein zivilisiertes Geschäftsgebaren.

Otmar: Ich werde dich anschreien. Es ist mir egal und ich sage dir warum, weil du lügst.

Tara: Wo lüge ich?

Otmar: Weil ich gesagt habe, du musst Vijay oder einen Richter überzeugen. Ich habe nicht gesagt, dass du einen Richter überzeugen musst.

Tara: Ich sagte, es sei eine von zwei Optionen: Vijay oder ein Richter.

Otmar: Genau. Du kannst mich nicht überzeugen, weil er mir gesagt hat: Otmar, du machst das nicht, das mache ich.

Tara: Aus seiner Sicht fair genug.

Otmar: Genau. Ich versuche dir zu helfen.

Tara: Das glaube ich nicht. Ich denke, du könntest etwas hilfreicher sein, und sagen: Leute, ihr habt alle großartige Arbeit geleistet, um diesen Deal zustande zu bringen.

Otmar: Ich versuche dir zu helfen. Ich denke, das müsst ihr tun: ihr müsst zu Vijay gehen und sagen: Schau Vijay, unsere Beteiligung daran war nicht Null.

Tara: Natürlich nicht, sie war fast 100%!

Otmar: Genau, zeig ihm die Arbeit, die ihr gemacht habt. Ich habe deine Arbeit nicht gesehen. Ich habe keine E-Mail zwischen euch und BWT gesehen, keine.

Tara: Natürlich nicht, da dies zwischen uns und BWT ist. Aus diesem Grund würden wir nichts offenlegen.

Otmar: Ich kann zu 100% überzeugt werden. Und wäre dieses Mandate zu mir gekommen, und ich hätte es unterschrieben, wäre es das gewesen, weil ich die Zeichnungsbefugnis habe. Ich habe Zeichnungsbefugnis. Das ist nicht geschehen und jetzt liegt es nicht mehr in meiner Hand. Jetzt sagt Vijay: Nein, du hast nicht die Autorität, das zu tun. Ich werde das tun. Ich habe versucht, dir das gestern zu sagen, und er hat es heute auch noch einmal wiederholt. Also musst du ihn überzeugen. Wenn ihr meine Unterstützung wünscht, sage ich euch, was ihr meiner Meinung nach mit Vijay tun müsst. Ihr müsst ihm die Arbeit zeigen, die ihr getan habt.

Alle diese E-Mails sind zwischen uns. Was ich gestern gesehen habe. Du bist mit Andy Stevenson zum Mittagessen gewesen, das habe ich gesehen und Andy hat es mir auch gesagt, als ich ihn gefragt habe. Du bist zu Vijays Haus gefahren und hast gesagt, dass es diese Firma BWT gibt. Wenn du bereit bist, dein ganzes Auto pink zu lackieren, werden sie dich wahrscheinlich sponsern. Das habe ich gelesen. Dann fing er an, mit dir und Steve zu reden. Vijay sagte verhandle mit Steve. Ich habe alles gesehen.

Dann unabhängig von mir, kam es eben nicht zu mir. Wir haben so viele davon, dass es nicht zu mir gekommen ist.

Tara: Ihr habt so viele Unternehmen, die mehr als 10 Millionen pro Jahr investieren wollen?

Otmar: Vertrau mir, Tara, vertrau mir, vertrau mir, wir haben so viele. Die meisten von ihnen führen zu nichts. Deshalb verschwende ich zu Anfang keine Zeit damit. Vertrau mir. Noch heute haben wir mit drei Unternehmen gesprochen, die über 200 Millionen in das Team investieren wollen - drei heute. Bob sprach mit zweien, ich mit einem, der über 200 Millionen in das Team investieren möchte. Die meisten dieser Dinge sind billiges Geschwätz. Ich mische mich nur ein, wenn es wirklich ernst ist, er weiß das nicht. Irgendwann wurde es ernst, als mich Toto anrief und wir ein Gespräch hatten und ich sagte, Toto ist das wirklich real? Er sagte, es sei real. Dann erzählte er mir von der Mercedes-Sache. Also fing ich an, mich zu engagieren, nachdem ihr euch unterhalten habt. Aber ich wusste nichts davon. Aber du musst zu Vijay gehen und ihm eure Arbeit zeigen, ich werde dich unterstützen.

Tara: Warum kannst du ihm nicht das Zeug zeigen, das du hast?

Otmar: Das werde ich, kein Problem. Aber ich brauche mehr als das. Wenn ihr Sachen von BWT habt. Du sagtest, es ist vertraulich?

Tara: Es ist nicht vertraulich, aber wir würden auch keine eurer E-Mails an jemand anderen weiterleiten.

Otmar: Ich verstehe.

Tara: Wenn du sie sehen willst, kein Problem.

Otmar: Wenn ihr mich überzeugt, ist es nutzlos, weil Vijay mich überstimmen wird. Das ist alles was ich dir sage. Wenn ihr mich überzeugt, werde ich euch bei Vijay unterstützen.

Tara: Ich habe eine Nachricht von Vijay die sagt: wenn du all das getan hast, was du sagst getan zu haben - was du offensichtlich gelesen hast - und wir das getan haben, was wir getan haben, gibt es kein Problem gibt.

Otmar: Hat er das gesagt? Okay das ist gut.

Tara. Wir kamen mit einem unguten Gefühl hierher. Eigentlich wollten wir hierherkommen, um zu feiern. Und jetzt sitzen wir hier und reden über Richter, wir reden über E-Mail-Inhalte, warum ist das so?

Otmar: Normalerweise kommt ein Agent zu uns. Wie viele Agentenvereinbarungen haben wir?

Curnow: 40.

Tara: Also schickt uns dein kaufmännischer Leiter, dass alles in Ordnung sei. Wie kommt das, bitte hilf mir.

Otmar: Ich versuche das alles zusammenzusetzen. Wie gesagt, ich kenne nur ein Bruchteil.

Tara: Nicht ein einziges Mal und nicht an einem Tag, an dem jemand einen Unfall hatte, war jemand betrunken.

Otmar: Ich versuche es zusammenzusetzen. Normalerweise kommt jemand zu uns und sagt: hey, ich habe diesen Sponsor, den ich berate, dem ich helfe, den ich vertrete.

Tara: Das haben wir gemacht.

Otmar: Genau. Wir unterzeichnen einen Agenturvertrag.

Tara: Er (Curnow) sagte, er ist unterschrieben.

Otmar: Und ich werde den Sponsor zu euch bringen.

Tara: Dein kaufmännischer Leiter hat versichert, dass alles in Ordnung ist. Das Dokument wurde von Frau Leslie Ross aufgesetzt, daher glaube ich nicht, dass dies aus dem Nichts kommt. Ich glaube nicht, dass Frau Ross das nur erfunden hat.

Otmar: Nein, das ist ein Standarddokument.

Tara: Ist es nicht, es beinhaltet unsere Bedingungen.

Otmar: Okay, Leslie hat zwei Dinge geändert.

Tara: Sie kommt nicht aus heiterem Himmel drauf.

Otmar: Wenn man also keine Unterschrift erhält, geben sie normalerweise nicht an, wer der Sponsor ist. Das passiert normalerweise.

Tara: Dein kaufmännischer Leiter sagte, es sei alles in Ordnung, und wir haben uns darauf konzentriert, den Deal durchzuziehen, anstatt die Unterschrift zu bekommen. Wenn wir gesagt hätten, dass wir nicht offenlegen, wer es ist, dann würde es bei diesem Rennen kein pinkes Auto geben. Wir wollten darauf drängen, aber uns wäre die Zeit ausgegangen.

Otmar: Wenn ihr diese Unterschrift erhalten hättet, würden wir diese Diskussion nicht führen.

Tara: Wir haben diese Unterschrift schriftlich. Er (Steve) sagte, es sei durch.

Emanuel Moser: Das ist das gleiche.

Tara: In England reicht bereits ein Handschlag aus, um einen Deal zu besiegeln. Aus unserer Sicht ist die Sache erledigt und wir konzentrieren uns darauf. Wenn wir gepusht hätten und gesagt hätten, wir würden nichts preisgeben, hätten wir einen weiteren Tag verloren und einen weiteren Tag und einen weiteren, und ich sage dir, dann hättet ihr gesagt: Schluss mit dem Lackieren, die Autos müssen nach Australien und sie sind silber. Wir haben die Bestätigung, mehrere Bestätigungen und jetzt müssen wir uns darauf konzentrieren den Deal abzuschließen. Und das war das Hauptziel. Du würdest auch abwägen.

Otmar: Man muss alles abwägen.

Tara: Den Deal abzuschließen war für uns wichtiger. Auch gegenüber BWT.

Otmar: Die ganze Arbeit, die ihr getan habt, zeigt sie mir und ich werde mich bei Vijay verbürgen. Aber du musst ihn überzeugen.

Tara: Er hat es mir geschrieben, aber ich möchte nicht zu diesem Punkt kommen, an dem ich sagen muss, dass ich es habe. Warum sollte ich zu Vijay gehen und sagen müssen: du hast geschrieben, wenn alles, was wir behaupten, wir auch getan haben? Wir behaupten nicht, höhere Mathematik erfunden zu haben. Wir sagten, wir haben den Sponsor zu Force India gebracht.

Otmar: Hier ist die Schwierigkeit, die ich habe, aber hilf mir da raus. Wenn ich den Sponsor frage. Ich habe BWT gefragt, ob diese

Jungs das vermittelt haben: nein. Aber warum sollten sie nein zu mir sagen?

Tara: Ich weiß es nicht. Sie sagten mir heute etwas anders. Wir haben alles schriftlich.

Otmar: Zeig mir das.

Tara: Kein Problem. Aber jetzt sind wir in einer verzwickten Situation. Warum müssen wir den Sponsor hineinziehen. Der Sponsor sollte Außen vor bleiben. Sie werden sich fragen, wie professionell Force India ist und wie wir diesen beiden Jungs vertrauen konnten. Es beschädigt unser gesamtes Image. Stell dir vor, das geht vor Gericht. Dann wäre es schnell vorbei mit einer Win-Win-Win-Situation. Und das sollten wir nicht tun.

Wir haben 12.5, 15 und 15 Millionen ins Team gebracht. Was auch immer das bedeutet, es ist ein Vorteil.

Otmar: Ich habe in der Verhandlungsphase begonnen, daran zu arbeiten das war als ich damit angefangen habe. Als wir zu einem Punkt kamen, an dem sie dies wollten, glaubte ich nicht, dass wir es ihnen geben können. Dann wollten sie das, und ich glaubte auch nicht, dass wir es ihnen geben können. Dann habe ich mit Andreas angefangen. Ich kann mich nicht erinnern, dass ihr überhaupt dabei wart.

Tara: Ich weiß nicht, warum Herr Curnow es dir gegenüber nicht erwähnt hat, dass es diese Leute gibt, die sie (BWT) zu euch gebracht haben. Es gibt mindestens drei Personen, die bezeugen können, dass wir sie zu euch gebracht haben. Wir haben nichts mit Mercedes zu tun, nichts mit Toro Rosso, alles mit Sauber und alles mit Force India. Mehr beanspruchen wir nicht.

Otmar: Ihr habt diese Leute nicht vertreten und ihr habt uns nicht vertreten.

Tara: Doch, das haben wir. Weil Vijay ihm (Steve) die E-Mail geschrieben hat, die du gelesen hast.

Otmar: Du musst zu Vijay gehen und sagen: du musst diese Jungs bezahlen.

Tara: Lass es uns umdrehen.

Otmar: Ich werde dich unterstützen.

Tara: Du schreibst uns allen eine E-Mail, einschließlich Vijay, und sagst, wir haben zusammengesessen. Der Anspruch ist echt. Vijay, jetzt liegt es an dir.

Otmar: Ich werde dir sagen, was ich tun werde. Ich werde schreiben, ich werde ihm genau sagen, was passiert ist. Ich sage: schau, Tara sagt, er hat das getan, dies und das. Wir schulden ihm nicht Nichts, aber wir müssen ihm geben, was fair ist. Und ich werde das Vijay schreiben und dann entscheidet ihr gemeinsam.

Tara: Ich denke nicht, dass dies richtig wäre. Du musst sagen, wir müssen tatsächlich prüfen, was unser kaufmännischer Leiter ihnen versprochen hat.

Otmar: Ich denke, das fair ist, das nicht gar Nichts fällig ist. Von dem Bisschen, das ich gesehen habe, und ich habe nicht alles gesehen, aber von dem, was ich gesehen habe, hattet ihr sicher einige Kommunikation.

Tara: Keine Frage. Warum sollte jemand zustimmen 15% zu bezahlen … ich bin glücklich 15% zu zahlen, wenn der Deal zustande kommt. Erkläre es mir: warum würdest du so etwas zu jemandem sagen?

Otmar: Aus seiner Position kann er den 15% nicht zustimmen.

Tara: Aber das ist intern.

Otmar: Aber ich bin nicht sicher, ob er den 15% zugestimmt hat.

Tara: Doch, das hat er getan und du hast es gelesen. Ich zahle gerne 15%.

Otmar: Ja, aber das ist nicht seine Angelegenheit.

Tara: Wir haben keine Vereinbarung mit eurer Putzfrau getroffen, es sei denn, Steve putzt bei euch die Böden.

Otmar: Ich mache zwei Dinge. Zum einen überprüfe ich den Prozentsatz im ersten Jahr und in den Jahren danach.

Tara: Wie kommt es, dass innerhalb von zwei Wochen niemand den Prozentsatz in Frage gestellt hat?

Otmar: Das ist nie über meinen Schreibtisch gekommen. Zwei: Ich überprüfe auf der Rückseite, welche Kategorien es gibt, um sicherzustellen, dass wir nicht schon mit jemand anderem sprechen, der zur selben Kategorie gehört.

Tara: Also hat Frau Ross doch nicht einfach aus heiterem Himmel BWT in den Vertrag eingetragen.

Otmar: Nein, nein, nein, ich bin sicher, jemand musste ihr das alles gesagt haben. Wir müssen uns also eine Zahl einfallen lassen, die für eure Arbeit fair ist. Ich habe kein Problem und werde euch bei Vijay unterstützen.

Tara: Da Vijay mir geschrieben hat, wenn alles wahr ist, ist das kein Problem.

Otmar: Er hat es mir aus den Händen genommen, Tara. Und gestern wusste ich das und deshalb habe ich dir die beiden Möglichkeiten aufgezeigt.

Tara: Warum musst du uns überhaupt zwei Optionen aufzeigen, anstatt zu sagen, ihr habt es getan?

Otmar: Weil ich nicht kann.

Tara: Für uns wären es zwei Möglichkeiten gewesen; es wären 85% von 12,5, 15 und 15 oder 100% von Nichts gewesen.

Otmar: Ja, ich weiß, ich verstehe. Ich denke, wenn BWT nicht zu uns gekommen wäre, hättet ihr sowieso nichts bekommen.

Tara: Natürlich nicht.

Otmar: Das war's, sie wären fertig damit gewesen.

Tara: Genau wie gesagt, wir haben sie überzeugt, in die Formel 1 zu kommen.

Otmar: Das sagen die nicht. Wenn du mir alles zeigst, werde ich dich auch bei Vijay unterstützen.

Tara: Ich möchte nicht über Vijay gehen.

Otmar: Wir haben keine Wahl.

Tara: Doch, wir haben die Wahl. Es ist eine einfache Wahl. Sicher ist es nicht Herr Curnows Wahl. Es ist eher deine Wahl, als leitender Geschäftsführer dieses Unternehmens, zu sagen, dass dies geschehen ist, und wir haben uns als Force India darauf geeinigt, dass 15% für uns in Ordnung sind. Wir haben nie gesagt, dass es ein bisschen zu viel ist. Niemand hat jemals gesagt, dass wir uns mit 12% oder 13% zufriedengeben sollten.

Otmar: Ich kann dir sagen, dass wir keine Agenturverträge mit 15 haben. Null

Tara: JMI hat 20% mit mehreren Teams.

Otmar: Nicht bei uns.

Tara: Du weißt, jemand mit dem Titel des kaufmännischen Direktors sollte dann sagen, Leute, wir haben keine solchen Vereinbarungen. Ist das nicht die Aufgabe eines kaufmännischen Direktors?

Otmar: Stephen?

Stephen Curnow: Entschuldigung, ich muss in die Startaufstellung.

Otmar: Schick mir die anderen Sachen und ich werde sie durchlesen. Ich werde ein Gespräch mit Vijay führen. Ich werde die E-Mail schreiben, die ihr gefordert habt.

Tara: Und wir warten darauf, dass ihr zu uns kommt.

Otmar: Das halten wir für fair.

Tara: Wie ich gestern sagte, bitte Otmar kommt mit einem unterschriebenen Vorschlag und dann denken wir darüber nach.

☆

An diesem Sonntag gingen einige Freunde und ich, darunter auch Nico, zum Abendessen aus, um Stoffel Vandoornes Geburtstag im Nobu on the Crown Riverwalk zu feiern. Zufällig saß Checo mit einigen seiner Leute neben uns am Tisch. Ich hatte ein kurzes Gespräch mit ihm, nachdem ich mich kurz an seinen Tisch setzte, und er sprach das Thema an, dass wir Probleme mit Force India haben. Er hatte davon gehört und wollte ein bisschen mehr darüber wissen. Ich habe ihm die WhatsApp-Nachrichten mit Curnow gezeigt und er konnte nicht glauben, was er sah. Er sagte zu mir, dass dies alles klar ist und dass wir ja offensichtlich die Einführung von BWT bei Force India gemacht haben. Aber natürlich konnte er nichts tun, und er wünschte mir in dieser Angelegenheit viel Glück. Ich ging zurück zu unserem Tisch, und wir hatten noch ein tolles Abendessen, gingen dann zu einer nahe gelegenen Party, um ein bisschen Spaß zu haben und den schlechten Nachgeschmack der Force India-Gespräche vom Nachmittag runterzuspülen.

☆

Am 28. März 2017 antwortete Otmar Szafnauer auf meine E-Mails der letzten zwei Tage. Es war offensichtlich, dass Force India zu diesem Zeitpunkt in keinster Weise die Absicht hatte, den Sponsorendeal zu honorieren und die vereinbarte Provision zu zahlen, wie sie es zugesagt hatten. Somit wurde die Angelegenheit den Anwälten übergeben, um das zu bekommen, was uns rechtmäßig zustand. Es ist übrigens extrem teuer in Großbritannien Anwälte in einer derartigen Angelegenheit zu engagieren. Es bedeutet Unmengen an Papierkram und der Zeitfaktor ist ein unkalkulierbarer Irrsinn: bis wir unseren ersten Termin bei Gericht bekamen waren gute zwei Jahre vergangen, unzählige Meetings, Telefonkonferenzen und jede Menge Geld. Wer es sich nicht leisten kann, in England vor Gericht zu gehen, sollte diese Übung sofort vergessen, auch wenn man der Meinung sind einen wasserdichten Fall zu haben. Jede Woche mussten wir auf unser Kundenkonto einzahlen, um Anträge an das Gericht, die Versicherer, das Datensicherungsunternehmen, das unsere iPhones und Laptops kopierte, zu bezahlen. Das Gesetz in Großbritannien ist etwas für diejenigen, die es sich leisten können. Wir mussten diese schockierende Tatsache in den nächsten zwei Jahren auf die harte Tour lernen.

☆

Natürlich würde diese Angelegenheit schnell die Runde machen. Mein nächstes Rennen war dann der Große Preis von Bahrain Mitte April 2017. Schanghai meide ich wie die Pest: zu große Luftverschmutzung und zu viel Verkehr! Es war am Samstag als ich die Mercedes Hospitality aufsuchte. Im Fahrerlager von Bahrain, wie auch bei den anderen Fly-Away-Rennen, gibt es keine dieser sogenannten „Motorhomes" – was eine schamlose Untertreibung ist angesichts der tatsächlichen Ausmaße dieser Motorhomes, wie sie alle Formel-1-Teams zu den europäischen Rennen mitbringen – sondern der Hospitality-Bereich für die Teams besteht dort aus soliden Bungalows. Die Alpha Teams haben zwei, die „Armen" müssen sich mit einem Bungalow begnügen. In Bahrain muss man ein paar Stufen hochgehen und gelangt dann durch eine Glastür in den Gästebereich eines Teams. Da es um diese Jahreszeit heiß wie die Hölle ist, ist der Besuch einer dieser Hospitalitys pure Erholung.

Bei Mercedes saßen Niki Lauda und Gerhard Berger an einem Tisch und unterhielten sich. Beide kennen mich seit vielen, vielen Jahren - und das nicht nur, weil ich halb Österreicher bin, sondern auch, weil ich schon lange in der Formel 1 bin. Beide hatten außergewöhnliche Rennkarrieren, ohne extra erwähnen zu müssen, dass Niki schon damals eine Legende war und jetzt noch um vieles mehr.

Niki winkte mir zu und zeigte auf den Stuhl direkt neben Gerhard. Ich sollte mich setzen. Er begann mich nach der Situation mit Force India zu befragen. Ich war überrascht, dass er überhaupt davon wusste, geschweige denn, dass er an der Sache interessiert war.

Er fragte, wie das Ganze zustande gekommen sei, und ich fing an, meinen Standpunkt zu erklären. Gerhard fragte nach meinem Geschäftspartner Emanuel und wie er zu BWT kam. Trotzdem wussten beide mehr als sie ursprünglich offenbarten, da sie Teile der Geschichte selbst ergänzen konnten. Ohne dass ich etwas sagte, erwähnte Niki, dass er ein Gespräch zwischen Toto und Lutz Hübner über dieses Thema am Flughafen von Melbourne belauscht hatte, als er nach dem Rennen nach Europa zurückflog, aber damals wusste er nicht wirklich, worum es ging.

Gerhard erwähnte, dass auch er in einer Sponsoren-Angelegenheit gegen Vijay vor Gericht gestanden habe, obwohl es sich nicht um eine Provision handelte. Er hatte diesen Fall gewonnen.

Ich habe sowohl Niki als auch Gerhard gefragt, ob es das Richtige sei, die Angelegenheit vor Gericht zu bringen, und beide bejahten unisono. Sie meinten, wenn sie in dieser Situation wären, würden sie bevor es vor Gericht geht sofort zwölf Prozent anbieten oder ihnen dann vor Gericht in den Arsch treten.

Ich war sehr erleichtert, eine solche Antwort von beiden zu bekommen.

☆

Einige Wochen später war ich beim Großen Preis von Spanien in Barcelona, wo ich erneut mit Toto Wolff über diese Angelegenheit sprach. Ich habe auch dieses Gespräch aufgezeichnet[16], nicht weil ich an seiner Wahrheitsliebe zweifelte, sondern weil ich sicher sein wollte, was er mir sagt oder auch nicht sagt, damit ich es meinem Geschäftspartner Emanuel sowie den Anwälten geben konnte, damit jeder Zweifel darüber, wer den Deal initiiert hat ein für alle Mal vom Tisch war. Ich passte Toto nach dem Rennen vor der Mercedes Hospitality ab, als er und seine Frau Susie das Fahrerlager verlassen wollten.

Toto Wolff: Also, ich habe dem Otmar gesagt, jetzt zieht's ihr mich in die ganze Sache als Zeuge hinein; ich werde sagen, wie die Sache war. Ich kenne den Andreas Weissenbacher lange Zeit, die sind ein DTM Sponsor. Du (Otmar Szafnauer) hast mich angerufen und hast gesagt was haltest Du von BWT, und ich habe gesagt das ist eine gute Firma - der (Weissenbacher) kann was. Daraufhin hat mir der Otmar gesagt der Tara verlangt eine Commission; habe ich gesagt, wenn mir einer einen guten Deal bringt, dann musst Du

[16] unluckyclown.com/deutsch/gespr-tw.html

eine Commission bezahlen. Aus Punkt und das war's. Und dann hat er mir noch einmal gesagt, zwei Wochen später, magst Du (Toto Wolff) eine Commission verdienen? Habe ich gesagt: mich interessiert Eure Commission nicht.

Tara Ramos: Und genau das sagen wir auch. Und er (OS) sagt, Du hast ihn angerufen und hast gesagt: Übrigens, hier ist die Telefonnummer vom Andreas Weissenbacher, ruf den einmal bitte an.

Toto Wolff: Ich glaub ich habe dem Otmar die Nummer vom Weissenbacher gegeben.

Tara Ramos: Ne, aber Alles vor uns; bevor all das im Entstehen war.

Toto Wolff: Nein, da hat Omar ja schon Deinen Namen erwähnt.

Tara Ramos: Eben. Und wir sagen ja nichts Anderes. Und ich sag noch zu Force India: Leute, lasst uns doch bitte keine anderen Leute mit reinziehen. Das brauchen wir doch gar nicht.

Toto Wolff: Ich werde das sagen, was die Wahrheit ist.

Tara Ramos: Perfekt.

Jetzt haben wir einen weiteren Beweis dafür, dass die Angelegenheit genauso war, wie wir es sagen, und das sogar als Tonaufnahme.

☆

Wir mussten unzählige Male nach London reisen, um uns mit unseren Anwälten in ihrem Büro im Londoner Knights Quarter zu treffen. Nicos deutscher Anwalt hatte uns an die Anwaltskanzlei Kingsley Napley verwiesen, insbesondere an deren Partnerin Sue Thackeray, die bereits erfolgreich ausstehende Gehälter für Nico von Force India eingefordert hatte. Sie ist überdies Lewis Hamiltons Anwältin für kommerzielle Belange. Wir waren uns daher sicher, dass sie sich bereits eingehend mit Force India befasst hatte, und über Lewis auch über gute Beziehungen zu Mercedes verfügt, da sie schließlich deren Nummer Eins Fahrer beriet. Alles in allem fühlten wir uns also in guten Händen. Kingsley Napley erklärte sich bereit, auf CFA-Basis zu arbeiten, und sie konnten auch ihren Wahl-Queens Council William McCormick davon überzeugen, auf dieser Basis zu arbeiten, da wir alle wussten, wie dieser Deal zustande kam.

Bei den Treffen mussten wir alles, was auf dem Weg zu diesem Sponsoren-Deal geschehen ist, haargenau aufschreiben. Wir haben uns jede einzelne E-Mail, jeden WhatsApp-Chat, jede Telefonaufzeichnung und Alles, was für diese Sache relevant wäre, nicht nur ein- oder zweimal, sondern viele, viele Male angesehen, um sicherzugehen, dass wir nichts übersehen. Während der Meetings hatte ich manchmal das Gefühl, jemand würde mein Gehirn grillen. Natürlich erhielten wir nach jedem Treffen ein Protokoll darüber, was gesagt wurde, was am Ende in eine Zeugenaussage münden würde, als persönliches Beweismittel vor Gericht.

☆

Einige Monate später traf ich Bernie zufällig am Freitag beim Frühstück im Hotel mit seiner Frau Fabiana beim Großen Preis von Brasilien. Ich trat an seinen Tisch mit meinem Bircher Müsli in der Hand, aber wollte nicht sofort mit der Tür ins Haus fallen und mein Problem mit Force India ansprechen - besonders nicht beim Frühstück - also machten wir nur ein paar belanglose Witze. Aber ich fragte ihn, ob er Zeit für mich an der Strecke hätte und ob ich mit seiner persönlichen Assistentin eine Zeit für ein Meeting vereinbaren könne.

Am nächsten Tag schickte mir seine PA eine WhatsApp-Nachricht, dass er Zeit hätte, mich zu sehen, und dass ich vorbeikommen sollte. Was ich auch tat, und zwar in sein Büro im Fahrerlager. Es war eines der ersten Büros im Hospitality Komplex der Interlagos-Rennstrecke. Wenn Bernie bei einem Rennen ist, gibt es immer Unmengen von Menschen, die ihn sehen wollen. Es ist fast so, als müsste man eine Nummer ziehen und warten, bis sie aufgerufen wird.

Ich ging hinein und wir setzten uns auf zwei Sessel in der Nähe des Fensters seines Büros und begannen sofort zu reden.

Bernie Ecclestone: Okidoki.

Tara Ramos: Wie geht es dir?

Bernie: Worüber wollen wir reden?

Tara: Ich denke Force India. Zuallererst möchte ich sagen wie peinlich es mir ist, dass all dies überhaupt passiert!

Bernie: Ich habe vor einem Monat, vor drei Wochen, mit Vijay zu Mittag gegessen. Und er sagte, er habe alle Informationen, wie das alles begann und wo es herkam, nämlich von Toto – das sagte er. Ich sagte, ich weiß nichts, alles was ich weiß ist, dass du anscheinend dieses Geld schuldest, du hast nicht bezahlt. Ich sagte, sei vorsichtig, denn wenn du keinen schlüssigen Beweis erbringen kannst, wirst du in Schwierigkeiten geraten. Ich sagte, du brauchst nicht noch mehr Schwierigkeiten, du hast genug Ärger, so wie es ist. Er sagte, ich bin nicht in Schwierigkeiten, das ist passiert. Genau hier sind wir.

Tara: Wir haben also alle notwendigen Beweise, um zu beweisen, dass wir diesen Sponsor gebracht haben.

Bernie: Ich schlug vor: Ich sagte, mach ein Angebot. Ich sagte ihm, mach ein verdammtes Angebot. Ich sagte Hannah, wie viel. Ich sagte ihm, bezahle das.

Tara: Wir haben alle schlüssigen Beweise, woher das Sponsorship kam. Am Anfang sagte Force India, dass der Sponsor direkt zu ihnen kam und Toto später hinzukam. Ich sprach mit Toto und Toto sagte: Tara, ich weiß, woher es kam. Und als ich von Force India kontaktiert wurde, war dein Name bereits im Spiel. Herr Szafnauer sagte: Da ist Tara, er will eine Provision. Toto hat mir dies dreimal bestätigt, indem er sagte: Tara, ich weiß, wie es war. Plötzlich behauptet Force India, Toto habe den Deal gebracht. So hat sich deren Anwaltsbeschreibung der Geschichte bereits um 180 Grad gedreht. Im Moment sind wir also bereits in einem Rechtsstreit und haben super Anwälte. Ich denke, Force India setzt darauf, dass wir es uns nicht leisten können, weil es natürlich teuer ist, keine Frage. Sie setzen darauf, dass wir es uns nicht leisten können, vor Gericht zu gehen. Unsere Anwälte arbeiten auf einer CFA-Basis also, ...

Bernie: Wenn die gewinnen, nehmen sie Geld und wenn ihr nicht gewinnt, zahlst du nichts.

Tara: Genau.

Bernie: Ich habe es ihm gesagt. Die Gefahr bei all diesen Dingen: sie denken, sie haben verdammt gute Karten, also werden sie damit weitermachen. Sie haben das Geld intern in ihren Büros ausgegeben. Ich sagte nein, sie warten auf ein Ergebnis. Also weiß er es, er ist nicht dumm.

Tara: Nein, im Gegenteil, er ist sehr intelligent.

Bernie: Er sagte, der Typ, der die Firma leitet, hat ihm bestätigt, was passiert ist. Sagte er.

Tara: Ich glaube nicht, dass dies der Fall ist. Das Problem wird natürlich sein, dass wir wahrscheinlich erst Ende nächsten Jahres vor Gericht stehen werden. Sie, Force India, haben behauptet, Toto habe den Deal gebracht, und ich denke, für ein Unternehmen wie Daimler ist es nicht möglich, einen ihrer Top-Manager vor Gericht zu schicken, um über so etwas auszusagen - Toto ist meiner Meinung nach eine halbe Milliarde wert – das (worum es hier geht) wäre also Kleingeld, für Toto, um Geld aus so einem Sponsorenvertrag zu ziehen. Also wird er die Wahrheit sagen, wenn er vereidigt wird.

Bernie: Was ist dann mit dem Mann, dem die Firma gehört?

Tara: Wir haben klare E-Mail-Nachrichten, dass er uns gebeten hat, sie an Force India weiterzuleiten, was ich auch getan habe. Ich war bei Vijays zuhause, und schlug ihm diesen Deal vor und jetzt behauptet Force India, dass am selben Tag, eine Stunde bevor ich bei Vijay eintraf, Toto sie angerufen hatte.

Weißt du, Pinocchio wäre im Vergleich zu ihnen ein Wahrheitsfanatiker. Wir haben alle Beweise.

Bernie: Lass mich dir etwas über Gerichte erzählen.

Tara: Ich möchte nicht vor Gericht gehen.

Bernie: Nein, ich erzähle dir etwas, weil ich ein bisschen über Gerichte weiß. Du wirst niemals wissen, was sie alles aus dem Hut zaubern werden.

Tara: Ich denke, du hast recht.

Bernie: Denn es läuft jedes Mal so ab: Ich habe einen Anwalt, der klagt. Du hast einen Anwalt und dein Anwalt sagt: Keine Garantie, dass wir gewinnen werden. Aber ich denke, wir haben eine Chance von 60 Prozent. Mein Anwalt sagt zu mir: Keine Garantie, dass wir gewinnen werden. Aber ich denke, wir haben eine Chance von 60 Prozent.

Tara: Das macht 120 Prozent!

Bernie: Das Einzige was sie garantieren können: beide Anwälte werden Rechnungen schicken, wer auch immer gewinnt oder verliert.

Tara: Ja.

Bernie: Das ist das Problem mit Gerichten.

Tara: Und es braucht Zeit.

Bernie: Und der Richter, der dort sitzt?

Tara: Es ist der Londoner High-Court.

Bernie: Denk nach: Wie hoch ist die Wahrscheinlichkeit, dass dies geschieht? Der Inhaber der Firma sollte es wissen, nehme ich an. Der andere sagt, das ist passiert.

Tara: Sie haben Toto als Hauptbeweis angeführt, oder? Unsere Anwälte sind so zuversichtlich, dass sie einem CFA zugestimmt haben. Ich weiß nicht ob du eine Person namens Andrew Green kennst, er ist ein Queens Council. Normalerweise gehen die niemals auf eigenes Risiko in ein Verfahren.

Bernie: Alle QCs sind gleich, sie sind Anwälte - er ist Rechtsanwalt. Er ist der Typ, der erklären wird, dass du eine Gewinnchance von 60 Prozent hast.

Tara: Ich sehe im Moment keinen anderen Weg.

Bernie: Wenn dieser dumme Bastard (Vijay) nicht einlenkt, was er tun sollte, denn wenn du mich fragst: Würde ich darauf wetten, dass du gewinnst, oder er gewinnt, - ich würde nicht wetten. Ich habe keine Ahnung, keine Ahnung.

Tara: Schau, ich habe Force India gefragt: Ich habe ihnen gesagt, wir haben uns auf eine Provision von 15 Prozent geeinigt. Sie haben nie gesagt, dass dies zu viel ist. Natürlich gehe ich mit 15 Prozent in eine Verhandlung und lasse mich auf zehn runterhandeln. Das ist doch logischer als mit fünf Prozent zu beginnen und sie dann zu fragen, ob sie auch zehn bezahlen würden, oder?

Bernie: Das Problem ist jetzt ...

Tara: Darf ich dich unterbrechen? Ich habe ihnen gesagt: Bitte hört zu. Ich möchte nicht vor Gericht. Ich gebe euch die Chance, macht mir ein gutes Angebot und dann werde ich über das Angebot nachdenken. Ich denke, das wäre eine faire Chance für uns alle.

Bernie: Als ich zu Hannah sagte, das solltest du verlangen, und es war dann Tatsache, dass genau das passiert ist. Du wolltest darüber nachdenken und hast es nicht getan. Das war der Zeitpunkt zu sagen, erledigt. Weil ich zu Vijay gesagt hätte, ich habe das für dich ausverhandelt, um diesen Deal ad acta legen zu können, du solltest das verdammt noch mal tun. Aber als es die Möglichkeit gab, wurde es nicht gemacht. Und als er mich fragte: Wenn ich damit einverstanden bin, ist es dann beendet? Ich sagte ihm, ich werde es beenden. Das ist das Problem: wir haben ihnen wieder ein wenig Platz gegeben. Und er ist sich nicht sicher, ob er in England sein wird oder nicht.

Tara: Wahrscheinlich sitzt er Ende Dezember in Indien im Gefängnis. Könnte vielleicht sein, oder?

Bernie: Das Problem ist, wenn er nicht das Recht hat, hier zu bleiben, hast du keine Chance. Weil er dann in Indien in einer Position sein wird, in der er nichts tun kann, selbst wenn er wollte.

Er könnte es nicht. Deshalb sagte ich zu Hannah, lasst uns dieses verdammte Ding klären. Du kannst kein Risiko eingehen. Jetzt haben wir zwei Risiken. Ob er rausfliegt oder nicht. Und ob ein Richter dir oder ihm glauben wird oder nicht. Warum all diese Risiken eingehen?

Tara: Aber aus meiner Sicht kann ich im Moment nicht mehr tun: wir haben es ihnen angeboten und gesagt, bitte macht uns ein gutes Angebot. Ich möchte nicht vor Gericht gehen. Ich bin ein friedliebender Mensch. Vielleicht bin ich blauäugig, ich weiß.

Bernie: Geh nicht vor Gericht. Alles was sicher ist, ist dass du viel Geld für Anwälte ausgeben wirst. Ich habe vor einer halben Stunde mit Vijay gesprochen. Ich ging bei Bob Fernley vorbei, er war am Telefon. Ich hörte, dass er zu Vijay sagte: Bernie ist hier. Also lass mich mit ihm reden. Er sagte: Lass uns wieder mit Pinky und Fabiana zusammen zu Abend essen. Ich sagte, wir wollen nicht über Geschäfte reden, es soll ein geselliger Abend sein. Und wenn wir einen geselligen Abend haben, werde ich zu ihm sagen, dass er diese verdammte Angelegenheit in Ordnung bringen soll. Weil es nicht gut ist.

Tara: Es ist nicht gut. Und ich denke, der Weg den wir im Moment einschlagen, führt uns auf geradem Wege vor Gericht.

Bernie: Fast jeder, der vor Gericht geht, glaubt, einen guten Fall zu haben.

Tara: Ja, warum sonst würdest du es machen? Ich weiß nicht, was ich sonst tun soll.

Bernie: Der letzte, ein Typ hat mich wegen 370 Millionen verklagt. Er sagte, Bernie, gib mir 70 Millionen und wir sind klar. Ich sagte, Sie haben eine Meinung und ich habe eine Meinung. Ich möchte die Meinung des Richters hören. Wenn jemand droht mich verprügeln zu wollen, soll er vortreten und es tun. Ich möchte mich nicht einigen und habe auf das Gericht gewartet - und gewonnen.

Tara: In seinem Herzen weiß Vijay, dass er hier einen Fehler macht.

Bernie: In meinem Fall wusste ich gut, dass dieser Typ nie einen Fall hatte und er versuchte es trotzdem. Wir haben im Augenblick einen weiteren Fall: vier Leute, vier davon - das gleiche Schema. Er ist Amerikaner, und ich habe die Leute in Amerika gefragt: Kennt ihr diese Firma? Nein, aber wir werden es herausfinden. Er rief mich drei Tage später zurück. Ich weiß nicht, was dein Problem ist, aber dieser Typ ist ein Typ, der Leute verklagt und sich dann außergerichtlich einigt.

Tara: Es ist ein Geschäftsmodell? Wir kennen uns seitdem, ich glaube seit ich geboren wurde. Ich habe nie etwas beansprucht, auf das ich keinen Anspruch habe. Ich mache lieber einen Schritt zurück.

Bernie: In diesem Fall glaube ich dir 100 Prozent, eine Million Prozent! Das Problem ist, wenn es vor Gericht ist, den verdammten Richter zu überzeugen. Deshalb stehen die Leute wegen Mordes vor Gericht und werden freigesprochen, weil sie verdammt gute Anwälte haben. Oder keine guten Anwälte, aber die Gegenseite macht einen Fehler oder etwas sehr Dummes: Sagen guten Morgen und es war schon Nachmittag.

Tara: Vielen Dank. Du warst mein ganzes Leben da, immer im Hintergrund. Ich weiß sehr genau, warum ich hier bin, warum ich tun darf, was ich mache.

Bernie: Wir machen weiter. Schau, ob du es über die Bühne bringst

Tara: Vielen Dank von ganzem Herzen.

Bernie: Wenn ich gehe, möchte ich keine losen Enden hinterlassen.

Nach diesem Gespräch war ich etwas erleichtert, dass Bernie versuchen würde erneut mit Vijay zu sprechen. Trotzdem wusste ich, dass er nicht in der Lage war, die andere Seite zum Nachgeben zu bringen, da dies natürlich bedeuten würde, dass sie zugeben würden, dass ihre Geschichte eine einzige Lüge war.

☆

Das Ende der Formel-1-Saison 2017 rückte näher, und noch immer mussten wir unzählige Male nach London, um unsere Anwälte zu treffen und um zu sehen, was die andere Seite in unserem Rechtsstreit tat.

Im Februar 2018 – in der Formel 1 Winterpause – war eine Mediation angesetzt, die aber zu keiner Einigung führte. Natürlich keine Überraschung! Aber uns wurde jetzt klar, dass Force India tatsächlich an der Geschichte festhielt, dass Toto Wolff ihnen den Deal vermittelt hat, obwohl er selbst oft bestätigt hat, dass dies nicht der Fall sei, und Otmar Szafnauer gesagt hatte, dass Toto Wolff erst dazu stieß, nachdem er von BWT-Chef Andreas Weissenbacher direkt kontaktiert worden war. Ein klarer Verstand würde meinen, dass diese beiden Geschichten absolut nicht zusammenpassen, insbesondere nicht vor logisch denkenden Menschen oder einem Richter in einem Gerichtssaal.

☆

Im Juli 2018 gab das Team vor dem Großen Preis von Ungarn bekannt, dass sie vom High Court in London unter die Kuratel eines Insolvenzverwalters gestellt wurden.

Einige Wochen später wurden die Vermögenswerte des Teams von einem Investorenkonsortium namens Racing Point UK aufgekauft, das von Lawrence Sheldon Strulovitch alias Lawrence Stroll, dem Vater des damaligen Williams-Fahrers Lance Stroll, angeführt wurde. Das Konsortium nutzte den Teambestand um bei der FiA einen neuen Eintrag mit dem Namen Racing Point Force India für den Rest der Saison zu erwirken. Ab dem Grand Prix von Australien 2019 hörte der 2008 gegründete Konstrukteur Force India dann ganz auf zu existieren, als der neue Team Besitzer bei der FiA abermals eine Namensänderung beantragte – diesmal in „Racing Point“.

Dieser Eigentümerwechsel war ein katastrophaler Rückschlag für unseren Fall, da wir ab der Übernahme durch den neuen Eigner nur noch im Mittel kämpften, die bis zu dem Tag des Insolvenzantrages in das Team geflossen sind.

Das erste, was wir taten, war eine harte Bestandsaufnahme der Situation. Wir kamen zu einem verheerenden Ergebnis: Jetzt sprachen wir nicht mehr über mindestens 9,3 Millionen Euro, die uns zustanden, sollten wir den Anspruch gewinnen, jetzt wurde der Betrag dahingehend reduziert, dass er gerade einmal zur Deckung der entstandenen Kosten reichte: unsere Forderung war auf 3,8 Millionen Euro geschrumpft.

Unsere Anwälte erkannten auch, dass sich der Aufwand von nun an nicht mehr wirklich lohnt, aber wenn man den Punkt überschritten hat, von dem es kein Zurück mehr gibt, muss man den ganzen Weg gehen.

☆

Es war ein wunderschöner Samstag in Monza Anfang September 2018 und das Fahrerlager war voller Menschen. Ich war mit meiner Mission beschäftigt, einen der Formel-1-Fahrer zu finden, um ihn auf meine GR1D-CLUB-Post-Race-Party einzuladen, die am nächsten Tag im berühmten Just Cavalli Club in Mailand stattfinden würde.

Ich verließ gerade die Red Bull Energy Station, als mich der ehemalige Force India Account Manager und jetzige kaufmännische Leiter von Toro Rosso begrüßte und wir ins Gespräch kamen.

Nach dem üblichen Smalltalk begann er sich zu erkundigen, wie die Situation mit Force India war, da die ganze BWT Angelegenheit noch geschah, als er dort arbeitete. Er bestätigte, dass Totos Beteiligung lediglich darin bestand, Force India anzuweisen, BWT ernst zu nehmen, und dass sie wirklich interessiert wären, wie er das eben auch von der DTM kannte.

Er war sich sehr klar darüber, dass die Handlungsweise von Otmar Szafnauer und Curnow moralisch korrupt war und dass er dies nicht mehr akzeptieren wollte. Das sagte mir sehr viel darüber, warum er dieses Team verlassen hatte und warum wir uns überhaupt in dieser Situation befinden. Dies war eine sehr wichtige Information für mich persönlich, da man irgendwann anfängt, an sich selbst zu zweifeln und die Situation in Frage zu stellen. Wie kann es sein, dass man ihnen eine derart lukrative Sponsoring-Gelegenheit auf dem Tablett serviert, nur um dann um das zu kämpfen, was vereinbart wurde?

Er fuhr fort, dass Agenturen für die Einführung und nicht für weitere Dienstleistungen entlohnt werden, da die Teams nicht wollen, dass diese Agenturen in ihre internen Prozesse einbezogen werden.

An diesem Punkt endete das Gespräch und ich war froh, dass er mir seinen Standpunkt darlegt hatte, da dies meine Überzeugung bestärkte, dass wir Nichts falsch gemacht haben und dass die Branche so funktioniert, wie ich es mir vorgestellt hatte. Aber offensichtlich nur bei seriösen Teams.

Dann setzte ich meine Mission fort und wir hatten eine tolle After-Party in Mailand mit dem Special Guest DJ Bob Sinclar. Unsere Gäste waren diesmal Valtteri Bottas, Esteban Ocon, Pierre Gasly, Charles Leclerc, Vitantonio Liuzzi, Nyck de Vries, Norman Nato, Antonio Fuoco, Kaká, Dani Alves und Mario Isola. Es war ein großartiger Abend und das Aufstehen am nächsten Tag war nicht nur für mich ziemlich schmerzhaft.

☆

Mein nächster GR1D CLUB war im November 2018 in São Paulo, aber ich konzentrierte mich bereits auf die Veranstaltung, die ich zusammen mit dem Mercedes F1-Team für die Saisonabschlussparty in Abu Dhabi plante, wie ich es auch 2017 getan habe - und zuvor 2016 in Mexiko-Stadt als Vorzeigeprojekt der Marke Mercedes. Der Event in Mexiko-Stadt basierte auf meinem Konzept auch einige Sponsoren des Teams einzubeziehen, um es zu einem echten mexikanischen Erlebnis zu machen, was der mexikanische Mercedes-Markt anfangs ablehnte, um es dann zu lieben, weil es ein großer Erfolg war.

Wir hatten mehrere Treffen während des Grand-Prix-Wochenendes in Brasilien in ihrer Team Hospitality im Fahrerlager. Da wir das Prozedere bereits aus dem Vorjahr kannten, mussten wir nur alle Details für die Produktionsfirma aufarbeiten, sowie das Unterhaltungskonzept erstellen und alle Beiträge koordinieren, die die Team Partner möglicherweise beisteuern könnten.

Da ich schon einige Partys zusammen mit Mercedes organisierte hatte, war ich für die Unterhaltung verantwortlich und arrangierte, dass einige meiner DJs auf der Mercedes-Party am Mischpult stehen würden. Außerdem hatte ich mit meinem Sponsor Heineken vereinbart genügend Bier zur Verfügung zu stellen.

Auf dem Rückweg von Brasilien nach Europa saß ich in der Airline-Lounge am Flughafen Guarulhos und arbeitete an einigen Details für die bevorstehende Veranstaltung in Abu Dhabi, als ich einen Anruf von Totos persönlicher Assistentin erhielt. Ihr wurde aufgetragen, mir mitzuteilen, dass ich mit sofortiger Wirkung von allen Aufgaben für das Mercedes-Formel-1-Team suspendiert bin und nicht mehr in ihrer Fahrerlager-Hospitality willkommen sei. Ich wurde zur Persona non grata für das deutsch/britische Team.

Ich fragte natürlich sofort nach der Ursache und warum Toto mir das über das Rennwochenende nicht selbst mitgeteilt hatte. Wir waren uns schließlich im Fahrerlager unzählige Male begegnet. Seiner Assistentin tat es wirklich leid, dass sie mir das sagen musste, und meinte, es liege daran, dass ich das Gespräch in Barcelona aufgezeichnet hatte und das Vertrauensverhältnis nun keine Grundlage mehr für eine weitere Zusammenarbeit hätte. Natürlich war ich überrascht, denn Toto war vor mehr als einem Jahr von unseren Anwälten darüber informiert worden, dass diese

Aufzeichnung existiert und dass sie Teil unserer Beweisoffenlegung für das Verfahren sein würde, den wir gegen Force India vorbereiteten.

Ich war überrascht und perplex von dieser völlig unerwarteten Situation. Was soll ich tun, meine DJs und die Getränke stornieren und die ganze Arbeit auf den Müll werfen, die bereits in die Eventvorbereitung geflossen war? Dann würde ich die Menschen im Stich lassen, mit denen ich zusammengearbeitet hatte, und die nicht dafür verantwortlich waren. Also beließ ich es, so wie es war. Die Party war ein voller Erfolg und alle Gäste hatten eine tolle Zeit, mit guter Musik und viel Bier - außer mir. Dumm gelaufen!

☆

Die Saison 2018 war endlich vorbei, und ich war wieder einmal auf dem Weg nach London, um die Anwälte in Vorbereitung auf das Verfahren zu treffen. Wir hatten vereinbart, dass wir unsere Mobiltelefone zur detaillierten Überprüfung der gesamten Kommunikation abgeben würden, die nicht nur zwischen Emanuel und mir, sondern natürlich auch mit den verschiedenen Personen von Force India stattgefunden hatte. Ein externes Unternehmen würde ein Image unserer Laptops erstellen - ein ziemlich teures Unterfangen, aber dennoch notwendig.

Was von Force Indias Seite folgte, war eine skandalöse Unverfrorenheit: die Mobiltelefone von Otmar Szafnauer und Curnow waren beide kaputt und daher würde keine ihrer Mitteilungen für eine Inspektion zur Verfügung stehen 😵. Otmar Szafnauer hatte den Sicherheitscode für sein BlackBerry verloren, sodass kein Datenzugriff möglich war. Vijays iPhone wurde manuell von seiner persönlichen Assistentin durchsucht und es wurden keine relevanten Daten in Bezug auf den Vorgang gefunden. Wäre ich nicht selbst in diese Angelegenheit verwickelt gewesen, ich hätte schallend gelacht, wäre ich mit einem derart dreisten Betrug konfrontiert worden! Wer würde dieses

Ammenmärchen für bare Münze nehmen, dass keiner von ihnen jemals eine Textnachricht in Bezug auf die Situation gesendet hatte? Unsere Anwälte haben in einem Brief an sie diesen ungeheuerlichen „Zufall“ in Frage gestellt.

Die letzten Vorbereitungen für die schriftlichen Zeugenaussagen, die in der ersten Dezemberwoche 2018 dem Gericht vorgelegt werden sollten, waren von unserer Seite gut angelaufen, aber nicht verwunderlich: bis dahin wäre keine der wichtigen Aussagen von Force India fertig, also mussten wir einer Verlängerung der Frist bis zum 17. Dezember zustimmen. Auch Toto Wolffs Zeugenaussage[17] kam zu spät, aber zumindest mit der wichtigen Information, dass mein Name bereits erwähnt wurde, als Otmar Szafnauer ihn anrief! Toto war daher unser Zeuge, der dies genau bezeugen konnte; und deshalb wurde er von unserer Anwältin vor der Abgabe seiner unterschriebenen Zeugenaussage kontaktiert, um in einem Telefongespräch[18] seinen Standpunkt in dieser Angelegenheit zu erfahren. Bevor seine tatsächlich unterzeichnete Erklärung am späten Nachmittag des 17. Dezember abgegeben wurde gab es einige Entwürfe von Torger Christian Wolff a.k.a. Toto sowie einige Korrespondenz.

Aber seine Aussage wird der Schlüssel sein, um zu beweisen, dass wir es waren, die diesen Sponsorendeal bei Force India eingeführt haben, und damit hätten wir Anspruch auf die vereinbarte Provision. Das ist es! Wir WERDEN dieses Verfahren gewinnen!

Trotzdem hatten wir viele Telefonkonferenzen mit unseren Anwälten da es immer klarer wurde, dass wir vor Gericht gehen würden, weil die andere Seite nicht anerkennen würde, dass wir eine Vereinbarung für die alleinige Einführung des Sponsors hatten. Zum Glück haben wir Torger auf unserer Seite - was könnte also schief gehen, wenn man die Wahrheit und eine so dominante Figur der Formel 1 auf seiner Seit hat? Toto selbst sagte

---

[17] unluckyclown.tiny.us/statement
[18] unluckyclown.tiny.us/TWfacts

in einem Interview[19] in seinem Lieblingskaffeehaus in Wien, dem berühmten Landtmann, auf der offiziellen Formel-1-Website: „Einer meiner Grundwerte ist, dass ich mich nicht mit Lügen befasse. Dies ist eine Zeile aus dem Rudyard Kipling Gedicht „Wenn“. Wenn du lügst und es sich zeigt, verlierst du deine ganze Glaubwürdigkeit. Leider herrscht in der Formel 1 nach wie vor eine „veraltete Mentalität“ aus einer nicht transparenten Welt, dass du Lügen und Halbwahrheiten erzählen und davonkommen kannst. Das ist vorbei. Jemand, der heutzutage lügt, wird erwischt - und seine Glaubwürdigkeit ist für immer dahin.“

BINGO!

[19] unluckyclown.tiny.us/interview

ICH WEISS WAS ICH GESAGT HABE

„Jeder, der etwas durch Lügen erreicht hat, wird es durch die Wahrheit wieder verlieren.“

Die Zeit verging und der große Tag für die erste Anhörung vor Gericht war für den 8. Juli 2019 angesetzt. Leute würden vermuten, dass es anstrengend sein muss, so viele Treffen mit den Anwälten zu haben, so viele Telefonkonferenzen, so viele Dokumente zu lesen, sich an so viele Dinge zu erinnern und so viel Geld zu bezahlen: ja, es ist anstrengend! Besonders wenn man mit all den Kosten konfrontiert ist. Wir hatten ein sogenanntes Prozessmanagementdokument[20] erhalten, in dem dargelegt wurde, dass die Kosten vor dem Verfahren bereits weit über 2 Millionen Pfund Sterling betrugen 😳. ZWEI besch*#sene Millionen!

Aber es gibt noch eine andere Perspektive: Wie wahrscheinlich ist es, dass man in ein Gerichtsverfahren verwickelt wird, bei dem es um einen der größten Sponsoringdeals in der jüngsten Formel-1-Geschichte geht, mit einem Teamchef, zwei ehemaligen Teamchefs und einem aktiven F1 Fahrer - höchst unwahrscheinlich! Und ich war mittendrin! In vielerlei Hinsicht war es verdammt spannend.

★

Das Gefühl ein Gerichtsgebäude zu betreten ist schwer zu beschreiben: Es ist eine Mischung aus Angst, Furcht, Aufregung und Ernüchterung zugleich. Aber das Wichtigste zuerst: Ich musste mir erstmal ein paar seriöse Anzüge zulegen, da man nicht in Shorts und Poloshirt in den Gerichtssaal geht - ein Tabu bei den britischen Perückenrichtern. Also ging ich einkaufen. Ein grauer, ein dunkelblauer und ein schwarzer Anzug musste es sein, da wir mindestens zwölf Gerichtstage eingeplant hatten. Denn Force India behauptete, es müssten sehr viele Zeugen aufgerufen werden. Diese vermuteten zwölf Gerichtstage waren der Grund, warum es über zwei Jahre dauerte, bis ein freier Gerichtstermin verfügbar war, da sie einen Block im Zeitplan des Gerichts finden mussten, der groß genug war, um diese drei mal vier Tage einzuplanen.

---

[20] unluckyclown.tiny.us/litigation

Britische Gerichte arbeiten freitags nicht, was also drei Wochen London bedeutete, mit Anwesenheit von Montag bis Donnerstag. Unsere Anwälte haben uns klar gemacht, dass wir uns jeden Tag blicken lassen sollten, was für mich Sinn ergab: Wir wollten, dass das Gericht zu unseren Gunsten entscheidet, also besser brav hingehen.

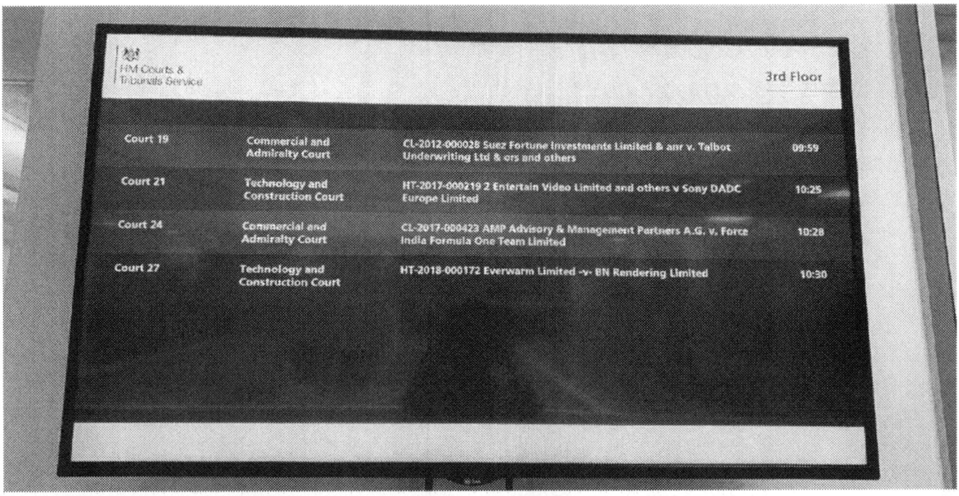

2019 Gerichtstermine vor dem High Court of Justice, Business and Property Courts, Commercial Court (QBD), London

Dann war er da, der 8. Juli. Wir trafen uns um 8 Uhr morgens in der Anwaltskanzlei, damit wir gemeinsam in einem Taxi zum High Court fahren konnten, um pünktlich um 9.30 Uhr dort zu sein. Ich fuhr mit der U-Bahn in meinem grauen Anzug zur Farringdon Station. Der Zug war überfüllt mit Leuten auf dem Weg zu ihrer Arbeit. Man hätte seine Beine hochziehen können und wäre nicht umgefallen. Ich machte es mir an den Gerichtstagen zur Gewohnheit, auf dem Weg bei Pret-a-Manger vorbei zu schauen, um eine heiße Schokolade, ein Schokoladencroissant und einen Ingwershot für 6,50 Pfund zum Mitnehmen zu bestellen.

Wir erreichten das Gerichtsgebäude pünktlich und nahmen unsere Plätze im Gerichtssaal ein. Toto Wolff war der erste Zeuge im Zeugenstand. Er hatte darum gebeten, weil der 8. Juli das einzige Datum wäre, an dem er Zeit hätte. Er wurde als unser Zeuge aufgerufen, und unsere Anwälte erwähnten, dass sie ihn daran erinnert hatten, sich mit seiner schriftlichen Zeugenaussage vertraut zu machen, da dies sein Hauptaussage ist.

Torger Christian Wolff wurde als Toto Wolff auf die heilige Bibel vereidigt, um die Wahrheit und nichts als die Wahrheit zu sagen, wie es jeder gute Christ tun sollte. Unterschiedliche Religionen - unterschiedliche Wahrheitsauffassung? Wer weiß. Man braucht definitiv einen Künstlernamen für diese Art von Auftritten. Mein Vorschlag für Herrn Wolff wäre allerdings „Teflon Toto", da anscheinend nichts an seiner weißen Weste haften zu bleiben scheint. Er sah genauso offiziell aus, wie ich - auch in einem grauen Anzug mit weißem Hemd und Krawatte.

Da Herr Wolff von Mercedes unser Zeuge war, fragte ihn unser „Straßenkämpfer" Queens Council nur, ob seine schriftliche Zeugenaussage korrekt sei, und fügte einige unbedeutende Klarstellungen dazu. Dann begann der Senior Junior Anwalt von Force India, Herr James Segan, sein Kreuzverhör[21]. Schließlich kam

[21] unluckyclown.tiny.us/amp080719

er zu dem sehr entscheidenden Punkt des ersten Telefonats zum BWT-Sponsoring mit Otmar Szafnauer:

Herr Segan: Ich frage sie: kann es sein, dass als Sie zum ersten Mal mit Herrn Szafnauer sprachen, Tara Ramos überhaupt nicht erwähnt wurde.

Herr Wolff: Nicht im ersten Gespräch, nein.

Herr Segan: Danke, das sind alle meine Fragen.

Ich dachte mir: Was zum Teufel !!! Was war da gerade passiert?! Seit März 2017 in Melbourne, als Toto Wolff auf mich zukam, war ihm klar, dass er erst in diese Angelegenheit mit Force India verwickelt wurde, nachdem Otmar Szafnauer ihm gesagt hatte, ich hätte den Kontakt zu BWT vermittelt. In seinem Gespräch mit mir in Barcelona, im selben Jahr, bestätigte er dies erneut und auch in all seinen schriftlichen Erklärungen seither. Nur an dem Tag, an dem es wirklich darauf ankam, ist seine Aussage eine völlig andere! Weit entfernt von jeglicher Realität und allem, was er zuvor bestätigt hatte! Unter Eid! Ist dies die Arroganz einer Person, die glaubt, über jeden Zweifel erhaben zu sein? Ein erfolgreicher Manager einer globalen Marke, der glaubt die Macht zu haben darauf zu bestehen, dass die Erde flach ist - und das Gericht würde ihm glauben? Ist das dieselbe Arroganz zu glauben über dem Gesetz zu stehen? Dieser Virus der in den Vorstandsetagen der deutschen Automobilindustrie wütet und die Ursache für „#Dieselgate" ist und „Milliarden Dollar Strafen"? Ist Toto Wolff nicht Teil dieser „Wir können über Wasser gehen" Spezies? Tausende Gedanken gingen mir durch den Kopf!

Herr Wolff war unser Zeuge, deshalb durften ihn unsere Anwälte auch nicht ins Kreuzverhör nehmen. Ist das Alles Zufall? Es gibt keinen Zufall!

Richterin Moulder: Vielen Dank. Ich habe keine Fragen, das ist das Ende Ihrer Zeugenaussage. Sie können gehen. Vielen Dank für Ihr Kommen.

Danach verließ Toto Wolff den Gerichtssaal, und unsere Anwältin folgte ihm und kehrte dann zu ihrem Platz zurück. In der Mittagspause fragte ich sie, ob sie ihn auf die Diskrepanz zwischen der heutigen Aussage und allen vorherigen Aussagen der letzten zwei Jahre konfrontiert habe. Sie sagte nein, sie habe ihm für sein Kommen gedankt, ihm eine gute Weiterreise und ein sehr erfolgreiches Rennwochenende in Silverstone gewünscht. KANN MAN DAS GLAUBEN?! Ich wusste nicht, was ich sagen sollte. Arbeitete sie noch für uns, oder habe ich hier etwas verpasst und sie war bereits mit dem nächsten Deal beschäftigt, den sie mit Toto für ihren Kunden Lewis Hamilton aushandeln musste? War ihre Triebfeder die, nur ja nicht die Stimmung mit Toto zu vergiften?

Die Richterin zuckte mit keiner Wimper angesichts dieser Kehrtwende. Sollte sie diese neue Aussage für glaubwürdig befinden, wäre es das für uns gewesen, und die effektive Einführung würde Toto Wolff anstelle von uns zugeschrieben werden. Punkt, Ende der Geschichte. Unsere Anwälte sagten uns natürlich, dass diese geänderte Situation unsere Position definitiv nicht verbessern würde, aber wir können das Verfahren trotzdem noch gewinnen und die Richterin von unserer Version überzeugen. Ich habe kein Wort dieses Versuchs uns Honig-ums-Maul-schmieren geglaubt!

☆

Als nächster war Emanuel im Zeugenstand um die aggressiven Fragen des Rechtsanwalts von Force India im Kreuzverhör[22] zu beantworten. Er nahm ihn hart ran und sorgte dafür, dass Emanuel wie jemand aussah, der sich eine Geschichte ausgedacht hatte, um sich in ein in Abwicklung befindliches Geschäft hineinzudrängen. Von außen betrachtet, hätte es wahrscheinlich sogar so aussehen können. Der Tag endete damit, dass auch er von der Richterin

---

[22] unluckyclown.tiny.us/amp080719

entlassen wurde. Danach traf sich unser Team zu einer Nachbesprechung. Es war eine verheerende Situation, in der wir uns urplötzlich befanden.

☆

Am nächsten Tag das gleiche Prozedere: U-Bahn - Pret-a-Manager - Anwaltskanzlei - Gericht. Aber diesmal würde ich im Zeugenstand sein und mich dem Kreuzverhör[23] stellen. Auf dem Weg zum Zeugenstand blieb ich am gegnerischen Anwaltspult stehen und schüttelte ihm die Hand. Er wünschte mir viel Glück und ich antwortete ihm, dass die Wahrheit kein Glück braucht! Zumindest habe ich das gehofft.

Nachdem ich aus dem Zeugenstand entlassen worden war, zeigten sich unsere Anwälte nicht sehr glücklich über den Handschlag mit dem Anwalt von Force India, und sagten mir, dass sie so etwas nicht wieder zu sehen wünschen 😬.

Nach der Mittagspause war Andy Stevenson im Zeugenstand und wurde von unserem Queens Council kreuzverhört[24]. Sein Beitrag war im Grunde, dass es in der Formel 1 keine Handshake-Deals gibt oder dass eine mündliche Vereinbarung zum Scheitern verurteilt sei. Wie schade.

Herr McCormick: In Ziffer 17 Ihrer Zeugenaussage sagen Sie, dass mündliche Verträge so gut wie unbekannt sind. Sie haben also von ihnen gehört, von mündlichen Verträgen?

Herr Stevenson: Ich habe gehört, dass sie keinen Erfolg haben.

Herr McCormick: Ein mündlicher Vertrag ist nichts Unbekanntes, er ist nur äußerst selten, nicht wahr?

Herr Stevenson: Nun, in der Formel 1 und sicherlich in dem Team, in dem ich jetzt arbeite hatten wir einige sehr schlechte

[23] unluckyclown.tiny.us/amp090719
[24] unluckyclown.tiny.us/amp090719

Erfahrungen mit mündlichen Verträgen gemacht, die uns letztendlich das „Aus“ gebracht haben.

Jetzt wissen wir also, was Andy Stevenson über mündliche Verträge denkt und dass er nicht einmal daran denken würde, unsere Position zu unterstützen, obwohl er der allererste Ansprechpartner war, den ich beim Mittagessen mit Nico am 19. Februar 2017 hatte. Als ich ihn damals einige Wochen später in Melbourne traf, und diese Auseinandersetzung mit Force India begann, sagte er zu mir, dass es ihm leidtäte, dass es diesen Weg nimmt, da er doch wüsste wie das Ganze zustande gekommen war. Was für eine Überraschung, dass er das jetzt vergessen hatte. Aber meine Erwartung, dass er die Fakten wahrheitsgemäß wiedergeben würde, war sehr gering. Amnesie war das vorherrschende Krankheitsbild in diesem Verfahren und bei ihm noch dazu die Angst seinen Job zu verlieren.

☆

Am nächsten Tag war Monisha Kaltenborn im Kreuzverhör[25]. Laut unseren Anwälten war sie eine sehr gute Zeugin in unserer Sache, da sie grundlegende Kenntnisse darüber hatte, wie diese Art von Sponsorendeals zustande kommen, und sie auch wusste, wie der gesamte Deal mit BWT zustande kam. Aber konnte ihre Aussage uns wirklich noch retten nach dem, was am ersten Tag gesagt wurde? Unwahrscheinlich, aber es war einen Versuch wert. Es gibt von nun an nichts mehr zu verlieren!

☆

Es sollte für uns aber dennoch einige Höhepunkte im Zeugenstand geben, denn als nächster war Curnow an der Reihe. Er sah sehr nervös aus und suchte mit den Augen Unterstützung im Saal.

---

[25] unluckyclown.tiny.us/amp100719

Unser Queens Council war sehr erpicht darauf, ihn im Kreuzverhör[26] zu demontieren:

Herr Curnow: Nun, mein ganzer Fokus lag damals darauf, diesen Deal abzuschließen. Ich wollte nichts tun, auch nicht das Geringste, was unsere Beziehung zu BWT gefährden oder destabilisieren könnte.

Herr McCormick: Okay. Es kann sein, dass ich den Rest des Kreuzverhörs verkürzen kann. Wenn Sie eine Textnachricht mit dem Titel "Keine Probleme unsererseits" in Bezug auf das Mandat senden, ist die Antwort dieselbe: sie tun dies einfach, weil Sie den Deal nicht gefährden wollen?

Herr Curnow: Richtig.

Herr McCormick: Richtig. Wenn Sie sich Paragraph 74 Ihrer Zeugenaussage zu 179 ansehen, sagen sie, dass sie aus Ihrer Sicht keine Agenturvereinbarung hatten und deswegen keinen Anspruch auf Provision: „Ich habe die Entscheidung getroffen, ruhig zu bleiben, in der Hoffnung, dass sie realisieren würden, dass sich die Situation weiterentwickelt hatte und sie nicht länger Teil des Deals waren, wenn sie es jemals waren.“

Herr Curnow: Mm-hmm.

Herr McCormick: Sie sagen also, sie haben sie nicht aktiv irregeführt, sie haben sich einfach zurückgezogen und nichts gesagt in der Hoffnung, dass sie verschwinden würden.

Herr Curnow: Zu diesem Zeitpunkt ja.

Herr McCormick: Ja. Diese Phase ist was, 3. März? Ich schaue in die Chronologie und auf die vorherige Seite, über die sie am frühen Morgen des 3. März sprechen, und dann sagen Sie: „zu diesem Zeitpunkt hätte ich es wahrscheinlich sagen sollen.“

Herr Curnow: Mm-hmm.

Herr McCormick: Ist es richtig zu sagen, dass wir über den 3. März sprechen?

Herr Curnow: Ich bin nicht sicher.

---

[26] unluckyclown.tiny.us/amp110719

Herr McCormick: Sie können nicht sicher sein, auf welchen Zeitpunkt sie sich in Ihrer eigenen Zeugenaussage beziehen?

Herr Curnow: Ja, weil es dort nicht datiert ist.

Herr McCormick: Ich verstehe. Weil es nach dem 3. März ist, haben Sie nicht nur über diese Dinge geschwiegen, oder? Sie haben tatsächlich positive Aussagen gemacht, die über das Mandat irreführend waren, nicht wahr?

Herr Curnow: Ich beziehe mich auf meine Motive. Meine Motive waren, alles zu tun, um die Arbeitsplätze der 405 Menschen in der Fabrik zu schützen.

Herr McCormick: Ja, ich weiß es zu schätzen, dass sie sagen, dass dies Ihr Motiv ist, aber motiviert durch diesen Wunsch, haben sie Herrn Ramos angelogen, nicht wahr?

Herr Curnow: Ja, ich habe ihn in die Irre geführt, ja.

Herr McCormick: Tut mir leid, dass Sie sich an dem Wort „gelogen" stören!

Herr Curnow: Sie sagen gelogen, ich sage irregeführt. Wenn sie bei gelogen bleiben möchten, bleiben wir bei gelogen.

Herr McCormick: Sie haben ihn wissentlich in die Irre geführt?

Herr Curnow: Ja.

Zumindest haben wir es jetzt schwarz auf weiß, dass Curnow uns aktiv angelogen hatte - und welche Konsequenzen hatte dies für ihn? Keine, da er immer noch der kaufmännische Leiter des neuen Racing Point Formel-1-Teams blieb und wahrscheinlich dieselbe Masche mit anderen Menschen abzieht - und der neue Arbeitgeber Bescheid weiß, dass er so agiert und diese Strategie offensichtlich absegnet. Einfach weil diese Einstellung viel Geld gegenüber ihren Geschäftspartnern spart.

Aber im Kreuzverhör von Curnow wurde es noch besser - wir fanden heraus, dass er und Otmar Szafnauer sich die Provision für diesen Deal untereinander teilten, der vom Chef von Mercedes zu Force India gebracht wurde?! Dafür musste unser Queens Council einen Blick auf Curnows Arbeitsvertrag werfen:

Herr McCormick: „Für Geschäfte, die über Dr. Mallya, Sahara oder ihre Mitarbeiter, oder Otmar Szafnauer gebracht wurden, wird keine Provision gezahlt, mit der Ausnahme, dass sie vollständig für die Anbahnung des Geschäfts verantwortlich sind."

Herr Curnow: Mm-hmm.

Herr McCormick: Wer hat diesen Deal abgeschlossen?

Herr Curnow: Der Deal kam von Toto Wolff zu uns.

Herr McCormick: Also wurde er nicht von Herrn Szafnauer eingeführt?

Herr Curnow: Von ihm eingeführt? Nein.

Herr McCormick: Von Dr. Mallya eingeführt?

Herr Curnow: Nein.

Herr McCormick: Sie waren nicht alleine für die Abwicklung des Deals verantwortlich. Es war eine Teamleistung, nicht wahr?

Herr Curnow: Richtig.

Herr McCormick: Okay. Dann sehen wir, wie hoch die Provisionssätze sind. Unter Punkt 7.3.3 heißt es: 3 Prozent Provision auf das Nettoeinkommen, wenn der Deal vollständig von Ihnen alleine eingeführt und gesichert wurde.

Herr Curnow: Mm-hmm.

Herr McCormick: Wir haben aber festgestellt, dass dies nicht vollständig von ihnen alleine durchgeführt und gesichert wurde. Eine Provision von 1,5 Prozent wird auf das erzielte Nettoeinkommen gezahlt, wenn eine Agentur involviert ist. Erst zahlbar, wenn das Unternehmen Geld erhalten hat. Dann unter 7.3.6: „Gesamtprovision, die zu zahlen ist, um in der Verkaufsabteilung geteilt zu werden. Die Höhe des jeweiligen Anteils wird vom Verkaufsdirektor und dem leitenden Geschäftsführer festgelegt." Das wären sie und Herr Szafnauer?

Herr Curnow: Mm-hmm.

Herr McCormick: Okay. Auf welcher Grundlage hatten Sie im Rahmen dieses Vertrags Anspruch auf eine Provision?

Herr Curnow: Nun, das müssten sie Herrn Szafnauer fragen. Alle Zahlungen -

Herr McCormick: Herr Curnow, nein, ich frage sie, weil es ihr Vertrag ist und sie um die Provision gebeten haben. Können sie mir bitte erklären, warum sie glauben, Anspruch auf eine Provision zu haben?

Herr Curnow: Weil ich maßgeblich zum Abschluss dieser Vereinbarung beigetragen habe.

Herr McCormick: Nun, das ist nicht ihr vertraglicher Anspruch. Akzeptieren sie das?

Herr Curnow: Ich akzeptiere, dass alle an mich geleisteten Zahlungen im Ermessen meines Vorgesetzten liegen.

Herr McCormick: Entschuldigen sie, akzeptieren sie, dass Ihr Vertrag sie nicht zu einer Provision für das berechtigt, was Sie im Zusammenhang mit dem BWT-Geschäft getan haben?

Herr Curnow: So wie mein Vertrag verfasst ist, ja.

Herr McCormick: Ja. Wie würden sie einen Vertrag sonst interpretieren? Ist das nicht die Welt der Formel 1, in der nur das zählt, was aufgeschrieben und unterschrieben ist?

Herr Curnow: Ich denke, sie werden bei meinen Provisionszahlungen finden - und ich würde mich freuen diese Information mit ihnen zu teilen, wenn sie es für relevant halten - dass ich jedes Jahr, das ich für Force India gearbeitet habe, nicht die volle Provision erhalten habe, die mir zustehen würde. Ich setze mich irgendwann im Laufe des Jahres mit Herrn Szafnauer zusammen und wir einigen uns darauf was fair und vernünftig für meine geleistete Arbeit ist.

Herr McCormick: In Bezug auf diese Provision, die sie für diesen Deal erhalten haben, akzeptieren sie, dass es nicht etwas war, auf das sie Anspruch hatten?

Herr Curnow: Ich hatte Anspruch auf eine Zahlung, und diese Zahlung wurde von Herrn Szafnauer festgelegt.

Herr McCormick: Entschuldigung, wie waren Sie berechtigt, eine Provisionszahlung für diesen Deal zu erhalten?

Herr Curnow: Wegen der bedeutenden Rolle, die ich bei diesem Deal gespielt habe.

Herr McCormick: Wo gibt Ihnen ihr Vertrag diesen Anspruch?

Herr Curnow: Das tut er nicht. Es liegt im Ermessen des leitenden Geschäftsführers.

Herr McCormick: Das ist also eine unentgeltliche Zahlung. Sie haben keinen Anspruch darauf, aber Herr Szafnauer als leitender Geschäftsführer hat das Recht zu sagen: „Sie erhalten sie"?

Herr Curnow: Richtig.

Herr McCormick: Okay. Dies ist Geld, das in den Firmentopf fließen könnte, um die Arbeitsplätze der Personen zu sichern, auf die sie in Paragraph 82 Bezug genommen haben.

Herr Curnow: Auf jeden Fall.

Herr McCormick: Okay. Aber sie waren bereit, dieses Geld zu nehmen?

Herr Curnow: Ja, das war ich. Es ist Teil meiner Vereinbarung mit dem Unternehmen, dass ich eine Provision für Deals erhalte.

Herr McCormick: Nein, das ist es nicht. Sie haben gerade gesagt, dass es eine unentgeltliche Zahlung ist.

Herr Curnow: Es ist eine Ermessenszahlung.

Herr McCormick: Ja, eine, die sie nicht machen müssten.

Herr Curnow: Nein, das müssten sie nicht.

Herr McCormick: Erinnern Sie sich, wie viel von dieser Provision sie tatsächlich bekommen haben?

Herr Curnow: Nein, das weiß ich nicht, nein. Weil es mit anderen Zahlungen verbunden gewesen ist, die ich auch erhalten habe.

Herr McCormick: Haben sie darüber nachgedacht, ob diese Provision innerhalb der Verkaufsabteilung aufgeteilt werden sollte oder nicht?

Herr Curnow: Nein, weil die Verkaufsabteilung als solche keine wesentliche Rolle bei der Abwicklung und dem Abschluss dieses Geschäfts gespielt hatte.

Herr McCormick: Wer ist in der Verkaufsabteilung oder wer war zu dieser Zeit in der Verkaufsabteilung?

Herr Curnow: Es hatte einen Verkaufsleiter gegeben, der dabei aber keine Rolle gespielt hatte. Die einzige Person, die eine Rolle gespielt hat, wäre Herr Macleod gewesen, der mir geholfen hat, das Angebot zusammenzustellen.

Herr McCormick: Mm-hmm. Welche Provision hat er bekommen?

Herr Curnow: Dafür nichts. Sein Vertrag berechtigt ihn nicht zu Provisionen.

Herr McCormick: Richtig. Aber er würde keine freiwillige unentgeltliche Zahlung erhalten?

Herr Curnow: Nein, weil seine Rolle nicht von Bedeutung war.

Herr McCormick: Richtig. Wer hat das entschieden?

Herr Curnow: Herr Szafnauer.

Herr McCormick: Woher wusste Herr Szafnauer, welche Rolle dieser Herr gespielt hatte? Sie haben es ihm doch gesagt, oder?

Herr Curnow: Nun, ich würde es annehmen, ja.

Herr McCormick: Ja. sie haben also entschieden, ob sich noch jemand an dieser Provision beteiligen soll oder nicht?

Herr Curnow: Nein, das habe ich nicht entschieden, Herr Szafnauer, aufgrund der Informationen, die er hatte.

Herr McCormick: Und die Informationen, die er bekommen hat, hat er von ihnen bekommen?

Herr Curnow: Und aus den Dokumenten, die er durch den Abwicklungsprozess eingesehen hat.

Herr McCormick: Ich verstehe. Haben sie die gesamte Provision, die sie nach dem Ermessen von Herrn Szafnauer erhalten haben, behalten?

Herr Curnow: Nein, ich habe Herrn Szafnauer einen Teil davon gegeben, um die Rolle anzuerkennen, die er in diesem Deal gespielt hat.

Herr McCormick: Also beschließt er nach eigenem Ermessen, Ihnen eine Provision zu geben, und dann beschließen sie, ihm eine Provision zu geben. Ich denke, es war die Hälfte dieser Provision?

Herr Curnow: Ja, das ist richtig - nicht nur dafür, sondern auch für einen anderen Deal, an dem wir beteiligt waren - also ist es nicht nur BWT.

Herr McCormick: Okay, das ist ein fairer Punkt. Schauen wir uns D7 an, weil wir dort sehen können, wie die Summen sind.

Herr Curnow: Danke. Okay.

Herr McCormick: D7, Seite 3460. Dies ist eine E-Mail, die sie im August 2017 an Herrn Szafnauer gesendet haben:

„Nach unserem Treffen mit Vijay wollte ich bestätigen, was wir vereinbart haben und welche Summen für 2018 gelten.“ Angesichts ihrer aktiven Rolle sowohl bei Hype als auch bei BWT schlug ich Vijay vor, dass die Hälfte meiner fälligen Provision an sie selbst gehen sollte. Er stimmte zu, dass ... „Daher sind die Summen, wie unten angegeben.“ Dann sehen wir einen Hinweis auf Geld, das im ersten, zweiten und dritten Jahr von Hype und dann von BWT bis heute eingegangen ist, und es ist richtig, nicht wahr, von den insgesamt 20,875 Millionen Pfund ist die überwiegende Mehrheit davon das BWT-Geschäft?

Herr Curnow: Richtig.

Herr McCormick: Bis zur Schwelle von 5 Millionen Pfund wäre im Rahmen Ihres Vertrags keine Provision zu zahlen.

Herr Curnow: Richtig.

Herr McCormick: Die anderen 15,875 Millionen Pfund werden als kommissionsfähig angesehen.

Herr Curnow: Mm-hmm.

Herr McCormick: Dann gibt es einige Berechnungen. Dies wird so berechnet, als ob es im Rahmen ihres Vertrags zahlbar wäre, nicht wahr?

Herr Curnow: Nun, das wurde so vereinbart.

Herr McCormick: Entschuldigung, und es wurde vereinbart, als ob es im Rahmen ihres Vertrages zahlbar wäre, nicht wahr?

Herr Curnow: Ja.

Herr McCormick: Wir sehen, dass 3 Prozent des Restbetrags 476.650 Pfund betragen, und dann sagen sie, dass sie zusätzlich noch 2018 10 Millionen Pfund von BWT und 250.000 Pfund von Hype bekommen, und dann haben sie die Berechnung, welche weitere 292.268 Pfund zeigt. Die Gesamtprovision beträgt hier also ungefähr 769.000 Pfund, ja?

Herr Curnow: Mm-hmm.

Herr McCormick: Sie nehmen die Hälfte davon und die Hälfte davon geht an Herrn Szafnauer, ja?

Herr Curnow: Ja.

Herr McCormick: Nichts davon war eine rechtsverbindliche Verpflichtung für das Unternehmen, oder?

Herr Curnow: Nein, nein, das war es nicht.

☆

Jetzt wird es noch besser als jede Perry Mason-Episode. Aber hey, wir haben immer noch Vijay und Otmar Szafnauer, die in den Zeugenstand müssen, also werden sicherlich noch weitere aufregende Enthüllungen kommen. Natürlich würden beide bestreiten, dass wir eine Rolle im BWT-Sponsordeal gespielt haben oder dass wir diesbezüglich eine Geschäftsbeziehung mit Force India hatten. Warum Vijay diesen Standpunkt vertrat, war allen klar, da er vom Team selbst über 120 Millionen Pfund zurückforderte und auf den Konten der Insolvenzverwalter „nur" 90 Millionen Pfund lagen. Auf jeden Fall wäre es nicht in seinem Interesse, dass irgendjemand anderem außer ihm Geld ausgezahlt werden würde. Aber er machte einen stichhaltigen Kommentar im Zeugenstand: „Das Formel-1-Fahrerlager ist ein Fahrerlager voller Piranhas. Wenn man also lernen muss, mit den Haien zu schwimmen, muss man äußerst wachsam sein." Das muss er aus der Luftfahrt wissen 🤔.

Gleich nach Vijay war es dann Otmar Szafnauer, vor Richterin Moulder im Zeugenstand das Kreuzverhör[27] zu bestehen. Er bekräftigt seine Geschichte, die das genaue Gegenteil von dem war, was er 2017 in Melbourne sagte, als wir ihn trafen, und die sich im Laufe der Zeit wie folgt geändert hatte:

Herr Szafnauer: Manchmal kommt es (ein Deal) durch den Besitzer, manchmal durch einen Fahrer und manchmal durch einen Vorsitzenden oder einen CEO, der mit einem Teamchef, COO oder CEO des Formel-1-Teams spricht.

Herr McCormick: Ja.

Herr Szafnauer: In diesem Fall hat mich Toto Wolff angerufen, um mir mitzuteilen, dass BWT interessiert sei, und Toto Wolff hat BWT auch in unsere Richtung geführt. Die Initiierung erfolgte also durch Toto Wolff, da er wusste, dass BWT ein Team sponsern wollte und Force India einen Sponsor für das Team benötigte. Die Initiation erfolgte also über Toto Wolff.

Herr McCormick: Ja. Alles, was sie dort über die Möglichkeit der Einführung von Sponsorendeals sagen, bestreite ich nicht. Sie sagten in ihrem Satz: wie in diesem Fall. Sie haben sich nicht mit Verallgemeinerung befasst, sondern speziell mit diesem Fall. Sie sagten: In diesem Fall kam die Gelegenheit durch direkten Kontakt zwischen mir und dem CEO des Sponsors zustande. Das war falsch, nicht wahr? In diesem Fall wurde die Sponsoring-Möglichkeit nicht auf diese Weise initiiert.

Herr Szafnauer: War es nicht, sie wurde von Toto Wolff initiiert. Sie haben recht.

Ist es nicht seltsam, dass sowohl Toto Wolff als auch Otmar Szafnauer im März 2017 etwas völlig anderes sagten, und jetzt sind sie beide die großen Dealmaker, ohne die der Deal niemals zustande gekommen wäre?

Aber wer sollte dann eine Provision erhalten?

---

[27] https://unluckyclown.tiny.us/amp110719

Herr McCormick: Sehen wir uns ihre Zeugenaussage an, um zu sehen, ob sie weiterhilft. Ziffer 86, dritter Satz: „Wir haben entschieden, dass ich den Deal abgeschlossen habe ..."

Herr Szafnauer: Ja.

Herr McCormick: Das ist also ein Deal, den sie abgeschlossen haben.

Herr Szafnauer: Ja.

Herr McCormick: „... er hat also keinen Anspruch auf eine Provision, es sei denn, er ist vollständig für die Sicherung des Geschäfts verantwortlich." Er war nicht ganz für die Sicherung des Deals verantwortlich, oder?

Herr Szafnauer: Nein, ich habe den Deal eingefädelt und ich denke, wir haben diese Provision aufgeteilt.

Herr McCormick: Ja, tut mir leid, er war also nicht vollständig für die Einwerbung des Deals verantwortlich, oder?

Herr Szafnauer: Nein.

Herr McCormick: Es gab also keine Provision zu teilen, oder, weil er keinen Anspruch auf eine Provision hatte?

Herr Szafnauer: Ich denke ... lassen Sie mich einen Blick darauf werfen. (Pause) Ja, also da gibt es unter Punkt 7.4, dass ein Unternehmen zahlt - nach eigenem Ermessen in bestimmten Intervallen einen Bonus in Höhe eines bestimmten Betrags und unter bestimmten Bedingungen, wie es ein Unternehmen nach eigenem Ermessen tun kann, was Dr. Mallya tat.

Herr McCormick: Das ist ein Bonus.

Herr Szafnauer: Ja.

Herr McCormick: Gegeben, obwohl niemand Anspruch darauf hat.

Herr Szafnauer: Nun, sie geben keine Boni, wenn sie nicht dazu berechtigt sind, aber es liegt im Ermessen des Unternehmens. Sie geben Boni, wenn jemand gute Arbeit leistet und berechtigt ist.

Herr McCormick: Ja, sie geben einen Bonus, wenn jemand gute Arbeit geleistet hat.

Herr Szafnauer: Richtig.

Herr McCormick: Aber es ist kein Rechtsanspruch.

Herr Szafnauer: Ja.

Herr McCormick: Ihr Vertrag, der Wortlaut ihrer Klausel oder ihr Absatz, ihrer Zeugenaussage besagt nicht: Wir haben entschieden, dass ich Anspruch auf einen Ermessensbonus für meine Arbeit habe. Es heißt: Herr Curnow hatte Anspruch auf eine Provision. Sie sagten nicht: Herr Curnow hatte keinen Anspruch auf Provision, aber wir dachten, wir hätten beide Boni verdient. Sie sagten, dies sei ein Rechtsanspruch. Das ist falsch, nicht wahr? Er hatte keinen Anspruch auf eine Provision?

Herr Szafnauer: (Pause) Ja, nach dem Wortlaut dieses Vertrages ... hatte er keinen Anspruch auf die Provision. Ich hätte also seinen Vertrag lesen sollen, bevor ich dies in meiner Zeugenaussage sagte.

Herr McCormick: Und das hätte sie um ihre 50 Prozent seiner Provision gebracht.

Herr Szafnauer: Ich hätte 100 Prozent erhalten.

Herr McCormick: Sie hatten keinen Anspruch auf die Provision, oder?

Herr Szafnauer: Nein. In meinem Vertrag habe ich keinen Anspruch auf Provision, aber Dr. Mallya hätte mir den Bonus gegeben. Ich hätte also keine Provision mehr erhalten, aber einen großen Bonus. Gleicher Geldbetrag.

Herr McCormick: Ich verstehe. Wurde Dr. Mallya gefragt, ob er ihnen einen Bonus gewähren würde oder nicht, oder wurde es ihm auf der Grundlage einer Provisionszahlung präsentiert?

Herr Szafnauer: Wir haben nicht über Provision oder Bonus gesprochen, wir haben mündlich mit ihm gesprochen - und tatsächlich haben wir mit ihm über Provision gesprochen, Provision ist ein Wort, das wir verwendet haben, aber es ist nicht so - wir haben es nicht als Vertragsangelegenheit verstanden. Wir haben darüber gesprochen, dass wir bei BWT gute Arbeit geleistet haben und die Provision zwischen uns beiden aufgeteilt werden sollte, weil ich den Löwenanteil der Arbeit mit Andreas geleistet habe und Dr. Mallya zustimmte.

Herr McCormick: Ich habe keine weiteren Fragen, meine Dame.

Richterin Moulder: Danke.

Herr Segan: Keine erneuten Rückfragen, meine Dame.

Richterin Moulder: Vielen Dank, das ist das Ende ihrer Zeugenaussage.

All dies wirft aus meiner Sicht mehr Fragen auf, als beantwortet werden. Wer hat diese Provision wirklich verdient? Curnow, der sie dankenswerterweise mit Otmar Szafnauer geteilt hat - Otmar Szafnauer, der sie dankenswerter Weise mit Curnow geteilt hat - oder Toto Wolff, der den Deal nach letztem Stand der Aussagen von Force India und seiner abgewandelten Zeugenaussage zu Force India gebracht hat, obwohl er selbst wiederholt betont hat, dass er es nicht war, der die Vermittlung gemacht hat?! Fragen über Fragen, die ein logisch denkender Geist mit Leichtigkeit beantworten würde - dachten wir. Offensichtlich nicht in britischen Gerichtssälen.

☆

In den nächsten Tagen bin ich nach Silverstone fahren, da am kommenden Wochenende der Grand Prix von Großbritannien stattfinden würde. Im Fahrerlager war es wie immer. Im Laufe des Wochenendes traf ich auch Audrey Fernley, die Frau des ehemaligen stellvertretenden Teamchefs von Force India, Bob Fernley. Sie war ein absoluter Schatz und immer gut gelaunt. Sie liebte es, Menschen die sie mochte zusammen zu bringen und zu unterhalten. Und ich habe mich einfach gut mit ihr verstanden.

In der Zeit, als ihr Mann noch für Force India verantwortlich war, und Vijay zu keinem Rennen außerhalb Großbritanniens reisen konnte, hatten ihr die Mitarbeiter des Teams den

Spitznamen „Queen Audrey“ verpasst, da sie in der Force India Hospitality Hof hielt als würde es ihr gehören.

Sie wusste natürlich von unserem Gerichtsverfahren und es tat ihr unendlich leid, dass ich in einer solchen Situation war. Und während wir uns an einem schönen sonnigen Tag mitten im Fahrerlager so unterhielten, wurde sie von der Situation mitgerissen und gestand, dass es vor einiger Zeit Vijay selbst war, der ihr gesagt hatte, dass ich es war, der den Deal gebracht hatte! Ich war baff! Das war eine immens wichtige Information. Ich fragte sie sofort, ob meine Anwälte mit ihr sprechen könnten und ob sie zur Verfügung stehen würde, um für uns auszusagen. Ihre Antwort war natürlich nicht zu meinen Gunsten! Sie sagte, dass die Freundschaft zwischen ihr und Vijay dreißig Jahre zurückreichen würde. Nun, offensichtlich geht Freundschaft über Wahrheit, nicht wahr?

Einige Zeit verging und irgendwann würde der Tag kommen, an dem die ehrenwerte Richterin Moulder ihr Urteil[28] fällen würde. Man sagt katastrophale Nachrichten schärfen die Sinne. Man könne sich an noch so unbedeutende Kleinigkeiten von diesem Tage erinnern. Blödsinn. Ich weiß nicht einmal mehr welches Wetter es an diesem Tag gab. Und das ist in London immer ein Thema: denn Regen bedeutet, dass es in der U-Bahn riecht, wie nasser Hund.

Jedenfalls war die offizielle Urteilsverkündung des Londoner High-Court in Sachen BWT-Sponsorship vom 18. September 2019 eine Katastrophe. ! Das Urteil war ein Schlag ins Gesicht für jegliches Wahrheitsempfinden und mein erster Gedanke war auch eher unfein: dem Gericht hat wohl jemand ins Hirn geschissen! Man hatte sich tatsächlich blenden lassen vom Erfolg und der Selbstdarstellung eines Zeugen den eine plötzliche Amnesie

[28] unluckyclown.tiny.us/judgement

befallen hatte. Es wurde ohne Widerspruch hingenommen! Keine Nachfrage, kein Zweifeln an der Aussage – nichts. Mein Vertrauen in die Rechtsprechung war völlig zerrüttet und auch in die Worte „ehrenwerter" Personen. Alles nur Schall und Rauch!

Toto Wolff wurde zum effektiven Vermittler des Sponsorendeals „gekürt", obwohl die Anwaltskanzlei der gegnerischen Seite ihn nicht einmal in ihrer „Siegeserklärung[29]" erwähnen würde. Diese Tatsache ließ mich wie einen Lügner aussehen - jemand, der versucht, sich in etwas hineinzuzwängen, auf das er keinen Anspruch hatte. Für mich ist es eines der wenigen Dinge, die mich wirklich aufregten: als Lügner dazustehen!

Wir erhielten 150.000 Pfund Sterling[30] für die Arbeit, die wir in die Umsetzung des Deals gesteckt hatten - und das war eine weitere Katastrophe, da dies bedeuten würde, dass wir den Fall in den Augen der Versicherer nicht verloren haben. Dies wiederum würde bedeuten, dass sie keine Kosten in diesem Fall übernehmen. Und jedes Geld, das wir aus dem „Gewinn" bekommen würden, würde ohnedies direkt an unsere Anwälte gehen.

Am Ende hatte Bernie also Recht - es sind die Anwälte, die gewinnen, da sie Rechnungen stellen, egal ob man gewinnt oder verliert.

[29] unluckyclown.tiny.us/victory
[30] unluckyclown.tiny.us/toi

DAS WAR EINER FÜR DIE FAILARMY

„Jeder Fehler ist eine Lektion. Wenn Du nicht bereit bist zu scheitern, bist Du nicht bereit, erfolgreich zu sein."

Als Hannah einen Monat nach Urteilsverkündigung für eine Ausstellungseröffnung in der Tate Modern in London war, traf sie sich am Nachmittag des 18. Oktober mit Bernie in seinem berühmt-berüchtigten Büro in der No 6 Prince's Gate von wo aus über Jahrzehnte die Geschicke der Formel 1 gelenkt wurden. In einem privaten Gespräch kam auch die Sprache auf die BWT-Affäre und sie schickte mir daraufhin die Gesprächsnotizen über diese Unterhaltung:

Hannah: Bernie, hast Du gehört, dass Tara und sein Partner den Fall gegen Force India wegen der Provision für den Sponsoring-Deal mit BWT verloren haben?

Bernie: Nein, was ist passiert?

Hannah: Der Fall wurde Mitte September vor dem Finanzgericht entschieden. Es sah ziemlich gut für Tara und seinen Partner aus, da die Leute von Force India eher unglaubwürdig rüberkamen. Aber der Todesstoß war Totos Aussage. Im Gegensatz zu seiner Aussage, die er zu Beginn des Jahres in schriftlicher Form vor Gericht abgegeben hatte, in der er mehr oder weniger nur ein „Zuschauer" war, als er bezeugte, dass er gehört hatte, dass Tara und sein Partner den Deal eingefädelt hatten, änderte er seine Aussage. War das eine Falschaussage? Das hat den Fall gekippt.

Bernie: Keine leichte Situation für einen Richter!

Hannah: Ja, hier haben wir zwei „Niemande", die behaupten, den Deal gemacht zu haben - und dort hat man den erfolgreichen Teamchef und CEO des Mercedes Formel-1-Teams, der dasselbe behauptet. Und natürlich stellt sich sofort die Frage: Warum sollte ein so erfolgreicher Mann mit den Fakten herumspielen? Denn es war eine klare Manipulation der Fakten.

Bernie: Nun, ich könnte dir einige Gründe nennen. Hat niemand nach Interessenkonflikten gefragt?

Hannah: Offensichtlich nicht - nicht von der Gerichtsseite.

Bernie: Aber dann wären Konflikte offensichtlich gewesen. Mercedes liefert Motoren an das Team, das früher als Force India bekannt war - und nun Racing Point heißt. Hat niemand gefragt, warum Racing Point für die Motoren einen anderen Preis zahlt als andere Mercedes-Kunden - und warum Mercedes Racing Point technischen Rat gibt? Dass Toto (Wolff) der Handlanger von Lawrence Stroll ist, dem Multimilliardär und jetzigen Eigentümer von Racing Point? Dann wird die Antwort klarer, warum er diese geänderte Aussage gemacht hat.

Hannah: Er tat es, weil er wusste, dass er damit durchkommen konnte! Ein Mann seines Kalibers gegen zwei Niemande - das ist eine einfache Sache ...

Bernie: Seit langem hatte ich den Eindruck, dass Toto ein drittklassiger Typ ist. Hier hast du es.

Hannah: Ich denke nur, dass er damit nicht durchkommen sollte. Für ihn bedeutete es nicht viel. Vielleicht ein kleiner Gefallen für einen Freund - aber für die beiden, die den Deal gemacht haben, bedeutet dies, dass ein großer Teil ihrer Zukunft den Bach runter ging!

Bernie: Sie sollten Colin Kolles kontaktieren! Erinnerst Du Dich an den Fall vor einigen Jahren, als Toto nicht bereit war, seine Versprechen für einen von Kolles ausgearbeiteten Deal einzuhalten. Als Kolles bemerkte, dass Toto nicht liefern würde, nahm er ein Gespräch mit Toto auf, in dem er abfällig über den ehemaligen Mercedes-CEO Dieter Zetsche, Niki und Ross Brawn spricht, um etwas in der Hand zu haben, damit Toto dem nachkommt, was vereinbart wurde - per Handschlag. Aber offensichtlich kann man mit solchen Typen keine Handschlaggeschäfte machen. Kontaktiert Kolles und fragt ihn nach der Uhr!

Hannah: Die Uhr?

Bernie: Das Geld war eine Sache - und das wurde nach einer Weile geklärt. Wir hatten ein Treffen und Kolles war natürlich nicht glücklich, Toto vom Haken zu lassen. Also sagte er zu ihm, dass er mir am besten eine ziemlich wertvolle Rolex geben sollte und sagte: „Weil Bernie Dir Deinen Arsch gerettet hat." Aber diese

Uhr hätte, wenn nötig leicht auf den ursprünglichen Besitzer zurückgeführt werden können, und es wäre logisch gewesen, welchen Zweck gehabt diese hätte. Also kam Susie (Wolff) nach einiger Zeit heulend in mein Büro und bat darum, die Uhr zurückzubekommen. Ich habe sie ihnen zurückgegeben. Beide haben mir nie dafür gedankt. So viel zum Charakter. Kontaktiert Kolles. Er darf damit nicht durchkommen. Wenn ihr Hilfe braucht, meldet euch.

Ein Bild sagt mehr als tausend Worte: der 2020 Rennwagen von Racing Point sieht aus wie die pinke Kopie des 2019 Mercedes.

Nun, all dies sind natürlich Bernies Theorien; aber sicher passiert alles aus einem bestimmten Grund.

Manchmal sollte man einfach auch einen Reality-Check machen: die traurige Wahrheit ist, dass ein ordentliches Gericht eine Entscheidung getroffen hat, mit der wir jetzt leben müssen, ob uns das Urteil gefällt oder nicht. Eine Berufung könnten wir uns ohnedies nicht leisten!

Ich hatte zum Glück nie die Illusion, dass ich für das System, in dem ich arbeite, unersetzbar war. Selbst Bernie wurde schneller ausgetauscht, als irgendjemand gedacht hatte. Die Tinte auf dem Vertrag war kaum getrocknet, als die neuen amerikanischen Eigentümer des Geschäfts, das er jahrzehntelang aufgebaut hatte, ihm die Tür zeigten.

Fühle ich mich dadurch besser, dass verschiedene Menschen enttäuscht sind, dass einige Helden einer ganzen Renngeneration ihre übermäßige Macht und Kapitalgier schüren, um ihre strategische Position weiter zu manifestieren? - Vielleicht ein bisschen. Im Leben dreht sich alles um Entscheidungen, und einige dieser Entscheidungen scheinen schmutzig zu sein. In einer so kleinen Umgebung wie der Formel 1 scheint Geld entgegen den physikalischen Gesetzen die Eigenschaften zu haben, flussaufwärts zu schwimmen. Diesem System ist so viel Scheinwerferlicht ausgesetzt, dass es auch Schattenseiten geben muss.

Habe ich meine Lektion gelernt? - Ja, habe ich. Der schwere Fehler wurde ganz klar auf unserer Seite begangen. Ich wurde von Freunden sowohl als von Geschäftspartnern zu blauäugig betitelt, um nicht das Wort naiv zu verwenden. Natürlich habe ich mich auch selber dafür kritisiert. Aber rückblickend denke ich, dass ich das gleiche wieder tun würde. Ich bereue lieber etwas, was ich getan habe, als etwas, das ich nicht getan habe.

Wenn ich die Geschehnisse aus einer anderen Perspektive betrachte, macht alles Sinn. Ich muss der Weitsicht der Geschäftsleute meinen Respekt zollen, die ihre Ziele erreichen. Sie haben wirklich hart für ihre Leistungen gearbeitet, und verdienen auch den Status in den Geschichtsbüchern. Chapeau.

Das nächste Mal peile ich an deutlich besser zu scheitern 😐 zumindest hoffe ich dann die 2 Millionen Pfund Anwaltsrechnung eher auf unserer Haben-Seite verbuchen zu können. Nichtsdestotrotz glaube ich weiterhin an das Gute in den Menschen, und dass es weiterhin Geschäftsleute gibt, mit denen man Handschlagvereinbarungen treffen kann.

NACHWORT

Die Formel 1 und Freundschaft? Nicht einfach. In einem Haifischbecken überleben nur Haifische. Ist alles eine Frage der Definition: Freund - füreinander da sein in guten aber besonders in schlechten Zeiten - egal was, wann, wo, oder wie. Schwierig zu finden - aber aus eigener Erfahrung nicht unmöglich.
Quantität? Die Finger einer Hand. Ansonsten Buddys - nett und unverbindlich. Restaurant ja, Urlaub nein.

Wer mehr als die Finger einer Hand will, sollte sich einen Hund kaufen!

- Nico Hülkenberg

(exklusiv für den ~~Glücks~~clown vom Zirkus)

INDEX

SOCIAL MEDIA

Antonio Banderas	IG	@antoniobanderasoficial
Antonio Fuoco	IG	@antonio_fuoco1
Bernie Ecclestone	IG	@bernieecclestoneofficial
Bob Sinclar	IG	@bobsinclar
Charles Leclerc	IG	@charles_leclerc
Chester Bennington	IG	@chesterbe
Dani Alves	IG	@danialves
Daniel Ricciardo	IG	@danielricciardo
Esteban Ocon	IG	@estebanocon
Fernando Alsono	IG	@fernandoalo_oficial
Flavio Briatore	IG	@briatoreflavio
GR1D CLUB	IG	@gr1dclub
Joko Winterscheid	IG	@officiallyjoko
Kaká	IG	@kaka
Kamui Kobayashi	IG	@kamuikobayashi
Kid Rock	IG	@kidrock
Lara Dutta	IG	@larabhupathi
Lewis Hamilton	IG	@lewishamilton
Liam Cunningham	IG	@liamcunningham1
Mario Isola	IG	@marioisola
Mick Schumacher	IG	@mickschumacher
Mike Shinoda	IG	@m_shinoda
Nelson Piquet Jr.	IG	@piquetjr
Nick de Vries	IG	@nyckdevries
Nick Heidfeld	IG	@nickheidfeld
Nico Hülkenberg	IG	@hulkhulkenberg
Norman Nato	IG	@norman_nato
Otmar Szafnauer	IG	@spidermansally
Paris Hilton	IG	@parishilton
Pharrell Williams	IG	@pharrell
Pierre Gasly	IG	@pierregasly
Robert Doornbos	IG	@robertdoornbos
Sameera Reddy	IG	@reddysameera
Sergio Perez	IG	@schecoperez
Shamita Shetty	IG	@shamitashetty_official
Shilpa Shetty	IG	@theshilpashetty
Stephen Curnow	IG	@curnow.steve
Stoffel Vandoorne	IG	@svandoorne
Susie Wolff	IG	@susie_wolff
Tony Fernandes	IG	@tonyfernandes
Valtteri Bottas	IG	@valtteribottas
Vijay Mallya	Twitter	@thevijaymallya
Vitantonio Liuzzi	IG	@tonio_liuzzi_official

ÜBER DEN AUTOR

Tara arbeitet seit über 20 Jahren in der Formel 1®, betreut Kunden, entwickelt einzigartige Events und kümmert sich um Prominente aus der Musik- und Filmindustrie. Er hat Events wie die fantastischen Consumer-Events für Mild Seven umgesetzt und die fabelhafte Kingfisher Party auf der Superyacht M/Y Indian Empress in Monaco beim jährlichen Formel-1-Grand-Prix geleitet.

Für mehrere F1®-Teams war er auch Gastgeber von Prominenten, die eingeladen wurden, um den Nervenkitzel eines Formel-1®-Rennwochenendes zu spüren. Außerdem hat er die bekannte Post-Race-Party-Serie GR1D CLUB™ gegründet, die seit 2013 erfolgreich bei verschiedenen Grand Prix läuft.

Alle im Buch vorkommenden Links sind verfügbar auf:

WWW.UNLUCKYCLOWN.COM

Alle verlinkten Rechtsdokumente, Gerichtsprotokolle und Audioaufnahmen wurden als Beweise im Fall CL-2007-000423 vor dem High Court of Justice, Business and Property Courts, Commercial Court (QBD), London, zugelassen. Alle Anhörungen im Juli 2019 waren öffentlich.

Printed in Poland
by Amazon Fulfillment
Poland Sp. z o.o., Wrocław

74287665R00116